LALIQUE GLASS

THE COMPLETE ILLUSTRATED CATALOGUE FOR 1932

LALIQUE GLASS

THE COMPLETE ILLUSTRATED CATALOGUE FOR 1932

RENÉ LALIQUE et CIE.

THE CORNING MUSEUM OF GLASS, CORNING
in association with
DOVER PUBLICATIONS, INC., NEW YORK

Published in Canada by General Publishing Company, Ltd., 30 Lesmill Road, Don Mills, Toronto, Ontario.
Published in the United Kingdom by Constable and Company, Ltd.

This Dover edition, first published in 1981, is an unabridged and unaltered republication of *Catalogue des Verreries de René Lalique* as published by René Lalique & Cie., Paris, March 1932. It is reproduced from a copy in the possession of The Corning Museum of Glass. Corning, New York. The translation of Gabriel Mourey's introduction was prepared by Stanley Appelbaum especially for this edition as was John Martin's introduction to the Dover edition.

International Standard Book Number: 0-486-24122-X
Library of Congress Catalog Card Number: 80-69672

Manufactured in the United States of America
Dover Publications, Inc.
31 East 2nd Street
Mineola, N.Y. 11501

INTRODUCTION TO THE DOVER EDITION

In 1872, at the age of twelve, René Lalique (1860–1945) won his first design award at the Lycée Turgot in Paris. His seminal years as an art student occurred when the decorative arts in France were being infused with new ideas from abroad, the influence of Japanese art on the Impressionists was at its height in France, and the attitudes of the Pre-Raphaelites and William Morris were being felt as well. The exhibit of the work of Burne-Jones in 1892 was the talk of Paris and it was in part to become the source of the motifs used by the Symbolists. Lalique was affected not only by the ideas then current in Paris but also by those in the art world of London, for in the late seventies he was a student at both the École des Arts Décoratifs and the College of Sydenham in London.

A succession of his own shops in the Place Vendôme and on the Rue Royale brought Lalique to the attention of the social arbiters of his day, and he was to number among his patrons individuals as diverse as Sarah Bernhardt and Calouste Gulbenkian. In the 1890s he began his experiments with glass in his first shop on the Rue Thérèse; by 1911 glass had begun to predominate on the shelves of his Rue Royale atelier.

In many ways, 1911 was the *annus mirabilis* for design in French glass. Not only had glass as a medium become important to Lalique, but Maurice Marinot was also to establish himself in this year as a master of French studio glass. The factory that Lalique had opened two years previously at Combs-la-Ville, forty miles east of Paris, was well on its way in establishing him as one of France's grands verriers.

Lalique's factory closed during World War I and it was not until 1921, with the return of Alsace-Lorraine to French governance, that he reopened, this time in Wingen-sur-Moder in the Bas Rhin. From then until the factory closed in 1937, the name of Lalique was synonymous with fine art glass not only in France but throughout the world. (Marc Lalique rebuilt his father's factories after World War II damage.)

In 1933 the Musée des Arts Décoratifs presented a retrospective exhibit of all of Lalique's work in various media, a signal honor for a living artist. In many ways, this exhibit and the 1932 publication of his *Catalogue des Verreries de René Lalique*, reprinted here, mark the high-points of his life as an artist in glass.

This catalogue of 1932 is one of the more important documents of the Art Nouveau and Art Deco movements. The illustrations of the 1,500 or more objects in glass from Lalique's workshop make the catalogue an invaluable resource for the collector or the scholar, as does the listing of the design numbers and the price of the selections (in 1932 French francs) in clear or colored glass.

Unfortunately, the *Catalogue* has not been readily available to the public. There are complete copies in the Library of the Metropolitan Museum of Art and the Library of The Corning Museum of Glass in Corning, New York, and a copy (minus the price-list page) in the Cooper-Hewitt Museum Library. It is with great pleasure, therefore, that The Corning Museum of Glass, in cooperation with Dover Publications, is able to make the work of René Lalique available as an inexpensive reprint to lovers of the decorative arts.

JOHN H. MARTIN
Deputy Director, Administration
The Corning Museum of Glass

SELECTIVE BIBLIOGRAPHY

Applegate, Judith. *Gallé, Lalique, Marinot: French Art Glass 1880–1930.* Boston: Museum of Fine Arts, 1975. 6 p. folder.

Barten, Sigrid. *René Lalique: Schmuck und Objets d'art, 1890–1910: Monographie und Werkkatalog*. Munich: Prestel-Verlag, 1977. 592 p. (Materialen zur Kunst des 19. Jahrhunderts, Bd. 22)

Demoraine, Hélenè. "Verres signés Lalique." *Connaissance des Arts*, no. 218, April 1970. pp. 112–117.

Doros, Paul. "The Art Deco Glass of René Lalique." *Spinning Wheel*, v. 32, no. 7, Sept. 1976. pp. 8–12.

Geffroy, Gustave. *René Lalique*. Paris: Editions d'Art E. Mary, 1922. 43 p. (l'Art décoratif moderne).

Hayot, Monelle. "L'Atelier de René Lalique; tradition et création." *l'Oeil*, no. 260, March 1977. pp. 22–29.

Kaellgren, C. Peter. "The Timeless Elegance of Lalique Glass." *Rotunda* (Royal Ontario Museum) 10, no. 3, Fall 1977. pp. 14–19.

Lalique, Marc. *Lalique par Lalique*. Lausanne: Edipop, 1977. 309 p. (Copyright by Société Lalique, Paris, 1977.)

McClinton, Katharine Morrison. *Introduction to Lalique Glass*. Des Moines, Iowa: Wallace-Homestead Book Co., 1978. 112 p.

McClinton, Katharine Morrison. *Lalique for Collectors*. New York: Charles Scribner's Sons, 1975. 152 p.

Magriel, Charles. "Lalique: Stylish Glass from a Master Designer." *Encyclopedia of Collectibles*, v. 9. New York: Time-Life, 1979. pp. 6–17.

Percy, Christopher Vane. *The Glass of Lalique: A Collector's Guide*. New York: Charles Scribner's Sons, 1977. First published under title: *Lalique Verrier* by Edita-Denoël, Lausanne, 1977.

Polak, Ada. "The Allure of Lalique Glass." *Antique Dealer and Collector's Guide*, v. 16, no. 7, Feb. 1962. pp. 31–33.

"Portfolio: Lalique." *Nineteenth Century*, v. 4, no. 3, Autumn 1978. pp. 67–71.

NOTE

Dover Publications is pleased to be able to make accessible to the public the extremely rare Lalique catalogue of 1932, a work of great importance to the connoisseur of art glass. The copy reproduced here, lent by the Library of The Corning Museum of Glass, was damaged by the flood of 1972, creating imperfections on some of the pages. None of the flaws, however, obliterates the overall shape or design of any of the objects illustrated.

RENÉ LALIQUE
RENEWER OF DECORATIVE ART

At the same time that he satisfies the many people in France and abroad who deal in his objects, by publishing an illustrated catalogue of the art glass of which he is the creator, René Lalique gives his admirers and friends the richest occasion of reliving, merely by turning these pages and without any commercial concern, the hours of deep aesthetic joy that they received when they first beheld those objects endowed with such a lofty artistic value and such an imperishable charm of novelty.

Having myself followed Lalique's evolution since his earliest days as a jeweler through all the manifestations that have contributed to make the setting of our lives more pleasant, I cannot indeed forget that, no matter how widely distributed his works are thanks to industrial processes, he is first and foremost an artist and one of the artists of our generation who have done the most to assure a leading rank to the art of their country.

Yes, without ceasing to be an artist, René Lalique has become an industrialist. Is it imaginable that if Bernard Palissy or Benvenuto Cellini were living in the twentieth century, they would still practice their art in the way they did? The dogma of what might be called the "uniqueness" of the work of art will always be meaningful; but we are living in times when, as a result of the spread of artistic taste and the constant rise of the level of existence from the material standpoint as well as the general cultural standpoint, the fact that a work of art is unique and exists only in a single copy is of primary interest only to collectors and specialized art lovers. In any case, it is a certainty that the true "artistic" value of an object no longer consists exclusively in its rarity. For example, in what way would a drinking glass, a wine carafe, the platter of a crystal dessert set signed by Lalique be more harmonious in form, more charming in ornament, more beautiful in material, if there were only one, two or ten of them in the world? One thing has nothing to do with another.

The thing that made modern French decorative art feeble for such a long time, the thing that has made it take so long to gain acceptance not only among the public, the very broad public, but even and especially among the élite, was its lack of means to establish its production on an industrial basis. There were many artists who could create the models but the manufacturers, either through routine or through their habitual striving to make the least effort, preferred to go on and on reproducing the old models, inspired (and generally very badly inspired) by the traditional styles, Louis XV and Louis XVI in particular, to which their success had been due.

In that way some of the most vigorous branches of French decorative art, glass, ceramics, goldsmithing, ironwork, which in the past had produced so many exquisite or magnificent works, which are still the pride of all museums in the world, had withered and dried up and were bearing nothing but dead fruit.

To understand and measure properly the importance of the role played by René Lalique in this rebirth or, to be more exact, resurrection of industrial arts in France, the riches and fertility of which were shown in the International Exposition of 1925, one need only recall the closing years of the nineteenth century, that is, the ten years or so that elapsed between the World's Fair of 1889 and that of 1900. Emile Gallé, of Nancy, ceramicist, glassmaker, cabinetmaker, had triumphed in 1889. René Lalique triumphed in 1900 as a jeweler.

The principal source of inspiration of the master jeweler was nature, interpreted with a striking freedom and familiarity and an exquisite feeling for color.

Gustave Kahn was correct when he wrote: "The principal characteristic of René Lalique is to have concentrated in the field of jewelry the attainments of all the plastic arts and the resources of all techniques, joined together by an innovator. Lalique is not simply a jeweler or a goldsmith; he is a painter, he is a sculptor, he is an enamelist, he is a metal engraver, he is a glassmaker." But all this, which of course is a great deal, would be nothing if Lalique were not gifted with the magnificent imagination and marvelous productivity without which there is no great artist—that is, great creator. And these are the two qualities—which by the way are really only one—that give him his exceptional, unique place in modern French art.

After the World's Fair of 1900, those who had only a superficial knowledge of Lalique's character and talent imagined that, having gained the triumphant success as a jeweler that I have just mentioned, he would specialize in the art of jewelry.

Now, Lalique had long been attracted by glassmaking. He had long thought that this unique material had not yielded all the results that could be obtained from it; he believed that the uses to which this material could be put were practically unlimited; and, as we shall see, he was right.

Moreover, the experiments he had undertaken had been so successful that he could confidently plan the newest and boldest solutions. The large panels and bas-reliefs of cast glass that he had executed for the outer door and one of the inner doors of his home on the Cours-la-Reine turned out so well that he was encouraged to follow the path that he felt was possible and along which he felt himself irresistibly drawn.

But that was only the beginning; before long Lalique was organizing in a more original and personal manner the production plan necessary for a full yield from the two factories he had founded: the first in the neighborhood of Paris, at Combs-la-Ville, the second at Wingen in Alsace. This production was considerable from the artistic point of view as well as the industrial, these two points of view always being closely linked—an essential condition for success. What is especially remarkable here is the harmony that Lalique has constantly maintained between the two viewpoints, making completely sure that he was not sacrificing the first to the second, that is sacrificing spiritual to material interests, his prestige and convictions as an artist to the demands of his industrial success. Therefore, his art objects properly so called, the table services, lighting equipment, furnishings and decorative ensembles produced by his workshops, all bear the imprint of the same creative will, the same gifts of ingenuity, refinement, elegance and imagination that constitute his personality and are the dominant features of his talent.

Before studying each of the categories of works in which this personality and talent are so brilliantly expressed, I think it is useful to emphasize one of their principal characteristics, the one that makes it possible to distinguish the works of René Lalique so easily among the innumerable creations of modern French decorative art. I mean the sense of ornamentation that is peculiar to him and the predilection for ornament that is so much a part of him and dominates his entire output.

Today's fashion has no use for ornament. Bareness is the rule in the decorative arts. There are people who are literally made sick by the presence of an ornament on any object, a tablecloth, drapery, wallpaper, a piece of furniture, a lamp, etc. This is a type of snobbery just like any other and one that will soon be replaced by some other type. For, if it is true that an excess of ornament is blameworthy *a priori*, it is also true that by a well thought-out and judicious use of ornament, perfectly satisfying effects can be obtained; it is only a question of proportion. Certain art objects from Persia, from the Byzantine and Romanesque periods, Middle Ages and Renaissance are typified by a richness of ornament that takes nothing away from their artistic value.

These are the traditions that René Lalique is following in his loyalty to ornament; so who can blame him for doing so? Let's look only at the results; in art, only results count and principles are meaningless. When Lalique, inspired by motifs from the plant or animal kingdom or by combinations of lines and masses without a particular meaning, composes a vase, a goblet, a lamp, a chandelier, a bowl, a carafe, when he has such a feeling for ensemble, logic and rhythm in conceiving the form, and the ornament suitable to that form and the purpose of the object, he is obeying reasons that escape us, he is yielding to impulses that we cannot analyze, he is possessed by what some writer has called "the irrepressible need to create." Consequently there is nothing systematic or mechanical in his art, but a charming spontaneity, an inexhaustible inventive verve, a miraculous diversity. It is amazing to see with what suppleness and freedom he develops his ornamental themes, something like certain musicians or modern poets who excel in suggesting impressions, sensations and dreams of extreme attractiveness by felicitous and unforeseen combinations of notes and words.

Let us now see how René Lalique applies this quite individual conception of decorative art and uses it to produce works so different in nature, purpose, proportions and technique.

Perhaps the area of his production in which Lalique exercises his creative facilities most freely is in the art object properly so called, the object devoid of any precise use, what Pharisees would scornfully call the "useless object" (if a beautiful thing can possibly be useless). Whether he chooses for his material colorless, polished or frosted glass, opaline glass or colored glass (black, smoky, jade-green, sapphire-blue, red, rainbow); whether he uses the technique of molded or cut glass or combines these two processes, his imagination knows no limits except those it sets itself in order to obtain perfection in achieving the dream by which it was obsessed in relation to the mass of the object, its general form and the role it is to play decoratively speaking in view of the total effect sought after. And some of these vases, fruit bowls, basins, bud vases, urns seem to have been sculptured, modeled from blocks of precious stone. In some cases, the glass takes on the hardness and cutting edge of metal; in other cases, the dense and clear-cut opacity of certain minerals; in other cases, the look of an unknown, mysterious, undefinable material reminiscent of the skin of fruits or the flesh of flowers; in yet other cases, an unusual brilliance, a sovereign splendor that equals the brilliance and splendor of the most radiant sea shells. And yet in all these cases, one can never forget that the material is actually glass.

The same remark applies to another category of art objects recently created by the magician Lalique: I mean the animal figurines he has just created, which seem to me fully worthy of a place in the showcases of collectors and on the étagères of discriminating people alongside the most famous animal figurines in the world, those made in Japan and Denmark. Here Lalique reveals himself as an animal artist of the first order, expert in rendering in significant strokes the general and typical bearing, the familiar and characteristic movements of those of our lesser brothers toward which he has felt especially attracted. Some of Lalique's animals, even though they are not yet very numerous, are large-size species: an elephant, a rhinoceros, a bison, an ox, a reindeer, modeled with rare expansiveness and charming wit, and singularly educational, their reduced proportions clearly pointing out their actual mass and their respective shapes. Among the feathered tribe, there are pigeons and sparrows, greedy and plump, that are so lifelike and faithful to reality that you expect to hear the pigeons coo and the sparrows chirp. The clear glass of which these animals are made suits them to perfection; there is nothing surprising about that—they weren't conceived to be executed in any other material and it is impossible to imagine them made of bronze or earthenware.

Let us hope that Lalique wastes no time in expanding this new area of his activity. I say the same about the statuettes of women that I recently saw appearing in his workshop. They are objects of the most winning charm and the most exquisite artistic quality.

Thus, every day, the great master of glass enriches his treasury for our greater joy, for the greater joy of the greatest number and for his own joy.

But although it is certainly very important to make available to the greatest number of purchasers art objects, true art objects, at a price at which such people had previously been offered the very opposite, that is, a thousand knickknacks of the most dubious taste, as devoid of artistic value as of material value, as poor in conception as in execution and material, and suitable only to corrupt the aesthetic sense of the masses, it is, I believe, no less important to make available to the public objects of daily use as beautiful in form as in execution at moderate prices.

The showcases of the great museums of decorative art testify to the fact that our ancestors were surrounded in their life by everyday objects that were all art objects. Were they aware of this or not? It hardly matters; the fact is assured.

Recalling these blessed eras, the great Anglo-American painter Whistler, in one of his lectures, summoned up the image of the primitive warrior or plowman returning home and receiving a refreshing drink in a perfectly made goblet. What other goblet could he have been offered? There weren't any others. "The common people lived among marvels of art, ate and drank from masterpieces; there was no article of everyday use, no luxury article, no needful object that had not been designed by a master and made by his workmen." And I might add that the same was true up to the end of the eighteenth century. And suddenly things changed. The world underwent the invasion of ugliness; machine technology aggravated the situation by deluging the entire universe with products that were as vulgar as they were pretentious. Who would have thought that it would be the same machine technology that would save us from them? But for that to happen, it was necessary to accomplish the union of the artist and the manufacturer. The artist had to cease believing that it was unworthy of him to work for the manufacturer and the manufacturer himself had to consent to seek out the artist and work together with him . . . or finally, and this is the best situation of all in every respect, the artist had to become his own manufacturer.

Who can fail to see that the entire independence that Lalique gained by becoming an industrialist has allowed him, in his production of glassware for the table, to create wonders that would have been impossible if he had been subordinate to outside manufacturing techniques foreign to his conceptions, to equipment that did not belong to him personally, and to a personnel over which he did not have all the necessary authority and supervision?

Do you suppose that he could otherwise have improved and perfected certain techniques as he has done, obtained the fullest results from them as he has done, so that he has been able to place on the market the numerous models of table services sprung from his imagination and, one may even say, from his hands?

When mentally reviewing the productions of the past in the area that we have been discussing, glass table services, and seeing again in our memory the tumblers, carafes and pitchers made in the workshops of France, Italy, Germany, Spain and Bohemia since the Renaissance, we find it impossible at first that an artistic glassmaker could invent anything new. We forget that the combinations that the form of an object permits are almost infinite, almost unlimited. Lalique proved this by actually producing a great variety of models whose specific source in the past cannot be pointed out. It is a question of proportion, no doubt, because everything in art is based on that.

What is strange and surprising is, that after creating so many other table services, Lalique can still be original with each new one. The reason is that he is always logical and rational and abhors eccentricity, that his art is primarily natural, as natural as possible.

Having reached total mastery, the full possession of the resources of his trade, having in fact broadened the technical possibilities of the art of glass, it would be surprising if Lalique did not desire to extend the field of his experiments beyond anything attempted so far in the use of this flexible and living material.

At the Exposition of Modern Decorative and Industrial Arts in Paris in 1925, Lalique gave a brilliant demonstration of the innumerable applications of glass in architecture and interior decoration. The entire arrangement of the perfume section at the Exposition, the decoration of the dining room in the Sèvres porcelain exhibit and the monumental fountain located in front of the entrance to the Court of Trades were all done by him. As for his own pavilion, in its conscious and refined simplicity it was truly a product of his supple and strong talent, simultaneously based on a sense of proportion and a readiness to be bold. The white marble floor slabs, the light-colored wood in the ceilings, the glass doors stamped with silvery flowers, the ironwork of the showcases, the large glass ceiling light, all sparkled, sang and lived a glistening and gentle, weightless and enchanting life of its own, as if in a fairy palace.

No one will be surprised to hear that a success like that enjoyed by Lalique at the 1925 Exposition—which was no whit less than that he had enjoyed in 1900—has been rich in consequences. I wish I had the room to describe adequately the interior decoration ensembles with which Lalique has enriched modern art since 1925.

The productivity and diversity of René Lalique's talent, the richness of his imagination are inexhaustible.

The man who handles matter and molds it for such different purposes, who adorns human dwellings with charming forms and decorations, who composes such precious bouquets of light and glass to illuminate our hours of leisure and meditation, who clothes the walls of our homes with such exquisite adornments and creates heavenly décor for the greater joy of our eyes and spirit, is truly a magician.

Was I not right when I said a moment ago that among all his artist-decorator colleagues Lalique is the one who has contributed the most to placing French decorative art in the forefront of world production of decorative art?

Gabriel Mourey

CATALOGUE

DES VERRERIES DE

RENÉ LALIQUE

EXPOSITION PERMANENTE :
24, PLACE VENDOME, PARIS
VENTE EN GROS :
40, COURS ALBERT IER, PARIS

PARIS. MARS 1932
RENÉ LALIQUE & CIE
SOCIÉTÉ A RESPONSABILITÉ
LIMITÉE

R. LALIQUE & CIE

SOCIÉTÉ A RESPONSABILITÉ LIMITÉE - CAPITAL 1.000.000 DE FRS

40, COURS ALBERT-Ier - PARIS

TÉLÉPHONE : ÉLYSÉES 87-92

CONDITIONS DE VENTE

Le présent catalogue étant remis à tous nos clients de gros, sans exception, le fait de nous transmettre une commande implique, de la part de ceux-ci, l'acceptation des conditions de vente suivantes :

1° Nos prix s'entendent pour marchandises nues, franco nos usines de Combs-la-Ville. Nos envois, préparés et emballés avec le plus grand soin, voyagent toujours aux frais, risques et périls du destinataire. Celui-ci doit donc faire à l'arrivée, et devant le transporteur, les réserves qu'il jugera nécessaires.

2° Les emballages sont comptés au plus juste prix de fabrique et ne sont jamais repris.

3° Les prix qui figurent au présent catalogue sont nos prix de vente au détail, dans notre magasin de la Place Vendôme.

Nos clients de gros s'engagent à ne jamais vendre nos verreries, pour quelque raison et de quelque façon que ce soit, à des prix inférieurs à ceux de notre catalogue.

4° En dehors de l'escompte de gros, calculé sur les prix de détail de notre catalogue, aucun escompte de caisse n'est accordé.

5° Nos factures sont payables par traites acceptées à 30 jours fin de mois de la date de l'expédition.

6° Les dimensions qui figurent au catalogue sont indiquées en millimètres, dans le sens naturel de la pièce.

7° Nous attirons l'attention sur le fait qu'il est impossible d'éviter complètement les bulles, les frissons, ou les fils, dans la fabrication des pièces importantes et de technique difficile. Nous ne pouvons donc accepter aucune réclamation à ce sujet.

8° Aucun retour de pièces ne sera accepté sans accord préalable.

9° Par verre blanc, nous entendons verre non coloré dans la masse, qu'il soit patiné ou non.
Par verre coloré, nous entendons : verre coloré dans la masse (opale, bleu, vert, brun, etc...).

10° Toutes les commandes qui nous sont transmises doivent indiquer très exactement le numéro, le nom et la couleur de chaque pièce choisie. Nous ne pouvons accepter aucune responsabilité pour les erreurs qui pourraient se produire par suite de commandes irrégulièrement transmises.

11° En cas de litige, de quelque nature qu'il soit, il est fait attribution de juridiction aux Tribunaux compétents du Département de la Seine.
Nos traites et acceptations n'opèrent aucune dérogation ni novation à cette clause attributive de juridiction.

12° Toute la correspondance doit être adressée à la raison sociale : R. LALIQUE & Cie, 40, Cours Albert-Ier, Paris.

13° Le présent catalogue annule tous les catalogues antérieurs.

MAGASIN DE VENTE AU DÉTAIL :
24, PLACE VENDOME, PARIS

VERRERIE A COMBS-LA-VILLE (SEINE-ET-MARNE)
VERRERIE A WINGEN-SUR-MODER (BAS-RHIN)

REGISTRE DU COMMERCE SEINE 225.307
CHÈQUES POSTAUX PARIS 741.29

RENÉ LALIQUE

Rénovateur de l'Art Décoratif

En même temps qu'il donne satisfaction aux dépositaires de ses œuvres en France et à l'Etranger, par la publication d'un catalogue illustré des verreries d'art dont il est le créateur, René Lalique fournit à ses admirateurs et à ses amis, la plus précieuse occasion de revivre, en parcourant les pages, sans aucun souci d'ordre commercial, les heures de vive joie esthétique que leur procura l'apparition de ces objets doués d'une si haute valeur d'art et d'un charme de nouveauté impérissable.

Ayant suivi, moi-même, depuis ses débuts comme joailler, l'évolution de Lalique à travers toutes les manifestations qui ont contribué à rendre plus plaisant le décor de la vie, je ne puis oublier, en effet, que, quelque grande que soit la diffusion de ses œuvres grâce aux procédés industriels, il est avant tout un Artiste et l'un des artistes de notre génération qui a le plus fait pour assurer à l'art de son pays le premier rang.

Oui, sans cesser d'être un artiste, René Lalique est devenu industriel. Peut-on imaginer que s'il vivait au vingtième siècle, un Bernard Palissy, un Benvenuto Cellini pratiquerait son art comme il l'a pratiqué ? Le dogme de ce que l'on pourrait appeler « l'unicité » de l'œuvre d'art aura toujours sa raison d'être ; mais nous vivons en un temps où, par suite de la diffusion du goût artistique, de l'élévation constante du niveau de la vie, tant au point de vue matériel qu'au point de vue de la culture générale, nous vivons en un temps, dis-je, où le fait qu'une œuvre d'art soit unique, n'existe qu'à un seul exemplaire, présente surtout de l'intérêt aux yeux des amateurs et des collectionneurs. Il est certain, en tout cas, que la véritable valeur « artistique » d'un objet ne consiste plus, exclusivement, dans sa rareté. En quoi, par exemple, un verre à boire, une carafe à vin, l'assiette d'un service à dessert en cristal, signé de Lalique, serait-il plus harmonieux de forme, plus charmant de décor, plus beau de matière, s'il n'y en avait qu'un, ou deux, ou dix au monde ? Ceci n'a rien à voir avec cela.

Ce qui a fait la faiblesse de l'art décoratif français moderne pendant si longtemps, ce qui a fait qu'il a mis si longtemps à s'imposer non seulement au public, au grand public, mais même et surtout à l'élite, c'est de n'avoir pas eu les moyens d'établir sa production sur des bases industrielles. Il y avait bien des artistes pour créer des modèles mais les fabricants, soit par esprit de routine, soit par habitude du moindre effort, préféraient reproduire indéfiniment les vieux modèles, inspirés (et généralement fort mal inspirés) des styles anciens, Louis XV et Louis XVI en particulier, auxquels ils avaient dû leur succès.

C'est ainsi que quelques-unes des branches les plus vigoureuses de l'art décoratif français, la verrerie, la céramique, l'orfèvrerie, la ferronnerie qui, dans le passé, avaient engendré tant d'œuvres exquises ou magnifiques — lesquelles sont encore l'orgueil de tous les musées du monde — s'étaient atrophiées, desséchées, ne portaient plus que des fruits morts.

Pour bien comprendre et mesurer l'importance du rôle joué par un René Lalique dans cette renaissance, ou, pour être plus exact, dans cette résurrection des arts industriels de la France qui a montré, à l'Exposition Internationale de 1925, toute sa richesse et sa fécondité, il suffit d'évoquer les dernières années du dix-neuvième siècle, c'est-à-dire, les quelque dix ans qui s'écoulèrent entre l'Exposition Universelle de 1889 et l'Exposition Universelle de 1900. Emile Gallé, céramiste, verrier, ébéniste, nancéen, avait triomphé en 1889; René Lalique triompha, en 1900, comme bijoutier.

La principale source d'inspiration du maître-bijoutier était la nature, interprétée avec une liberté et une familiarité saisissante, un sentiment de la couleur exquis.

Gustave Kahn a eu raison d'écrire que la « caractéristique principale de René Lalique, c'est d'avoir fait converger vers le bijou les efforts de tous les arts plastiques, les moyens de toutes les techniques, mariées par un novateur. Lalique n'est simplement ni joailler, ni orfèvre; il est peintre, il est sculpteur, il est émailleur, il est ciseleur, il est verrier». Mais tout cela, qui, certes, est beaucoup, tout cela ne serait rien si Lalique n'était pas doué de la magnifique imagination et de la prodigieuse fécondité sans lesquelles il n'est point de grand artiste, c'est-à-dire de grand créateur. Et ce sont ces deux qualités qui, d'ailleurs, n'en font qu'une, qui lui assignent une place exceptionnelle, une place unique dans l'art français moderne.

Au lendemain de l'Exposition Universelle de 1900, ceux qui ne connaissaient que superficiellement le caractère et le talent de Lalique, purent imaginer qu'y ayant remporté, comme bijoutier, le succès triomphal dont je viens de parler, il se spécialiserait dans l'art du bijou.

Or, Lalique, avait depuis longtemps été attiré par le travail du verre; il pensait depuis longtemps que l'on n'avait pas encore tiré de cette matière unique tout le parti que l'on pouvait en tirer; il estimait que les emplois auxquels cette matière se prêtait étaient, en quelque sorte, illimités : et il avait raison, on le verra.

D'ailleurs, les recherches auxquelles il s'était livré avaient abouti à d'assez heureux résultats pour lui permettre d'envisager, en toute confiance, les solutions les plus neuves et les plus hardies. Les grands panneaux et les bas-reliefs de verre coulé qu'il avait exécutés pour la porte extérieure et pour l'une des portes intérieures de sa maison du Cours-la-Reine étaient des réussites bien faites pour l'encourager dans la voie qu'il entrevoyait et vers laquelle il se sentait irrésistiblement attiré.

Mais ce n'était là qu'un commencement et Lalique ne tardait pas à orienter de façon plus originale et plus personnelle la production nécessaire au plein rendement des deux usines qu'il avait fondées : la première dans les environs de Paris, à Combs-la-Ville, la seconde, à Wingen, en Alsace. Production considérable tant au point de vue artistique, qu'au point de vue industriel, ces deux points de vue restant toujours étroitement liés : condition essentielle de succès. Ce qui est singulièrement remarquable, ici, c'est l'harmonie que Lalique n'a jamais cessé de maintenir entre celui-ci et celui-là, veillant jalousement à ne point sacrifier le premier au second, c'est-à-dire les intérêts spirituels aux intérêts matériels, son prestige et ses convictions d'artiste aux exigences de sa réussite industrielle. Aussi, les objets d'art proprement dits, les services de table, les appareils d'éclairage, les ensembles mobiliers et décoratifs qui sortent de ses ateliers conservent-ils tous l'empreinte de la même volonté créatrice, des mêmes dons d'ingéniosité, de raffinement, d'élégance, de fantaisie qui constituent sa personnalité, qui sont les traits dominants de son talent.

Avant d'étudier chacune des catégories d'œuvres dans lesquelles se manifeste avec tant d'éclat cette personnalité et ce talent, il ne me paraît pas inutile d'en mettre en lumière un des caractères principaux, celui par lequel il se fait qu'entre les innombrables créations de l'art décoratif français moderne, celles de René Lalique se distinguent si aisément. Je veux parler du sens de l'ornementation qui lui est particulier et de la prédilection pour l'ornement qui est la sienne propre et qui domine toute son œuvre.

La mode d'aujourd'hui condamne l'ornement : le nudisme est de règle dans l'art décoratif. Il est des gens que la présence d'un ornement sur un objet quelconque, couvert de table, tissu d'ameublement, papier peint, meuble, lampe, etc..., rend littéralement malades. Snobisme comme un autre, et qui sera bientôt remplacé par un autre. Car, s'il est vrai que la surcharge ornementale doit être à priori condamnée, il ne l'est pas que l'on ne puisse tirer de l'emploi réfléchi, judicieux de l'ornement des effets parfaitement satisfaisants : ce n'est qu'affaire de mesure. Certains objets d'art de la Perse, de l'époque byzantine et de l'époque romane, du moyen âge et de la Renaissance sont d'une richesse ornementale qui n'enlève rien à leur valeur artistique.

C'est de ces traditions que se réclame René Lalique en demeurant fidèle à l'ornement. Qui donc oserait l'en blâmer ? Ne regardons qu'aux résultats ; seuls, en art, les résultats comptent ; les principes ne signifient rien. Quand Lalique, en s'inspirant de motifs tirés de la flore ou de la faune ou de combinaisons de lignes et de volumes, sans signification aucune, compose un vase, une coupe, une lampe, un lustre, un bol, une carafe, quand il en conçoit avec autant d'unité, de logique, d'eurythmie, la forme et l'ornementation qui convient à cette forme et à la destination de cet objet, il obéit à des raisons qui nous échappent, il cède à des impulsions qu'il nous est impossible d'analyser, il est possédé de ce que je ne sais plus qui appelle « l'irrépressible besoin de créer. » Par suite, il n'y a rien dans son art de systématique, ni de mécanique, mais une spontanéité charmante, une verve inventive inépuisable, une diversité prodigieuse. C'est merveille de voir avec quelle souplesse et quelle liberté il développe ses thèmes ornementaux, un peu à la façon de certains musiciens ou de certains poètes modernes qui excellent à suggérer par d'heureuses et imprévues rencontres de notes et de mots des impressions, des sensations, des rêves d'une indicible séduction.

Cette conception de l'art décoratif, si individuelle, voyons maintenant comment René Lalique l'applique et en use pour réaliser des œuvres si diverses et de caractère et d'emploi, de proportions et de technique.

◻ ◻

En ce qui concerne l'objet d'art proprement dit, l'objet dénué de toute destination précise, ce que des pharisiens appelleraient avec mépris l'objet « inutile » (si tant est qu'il puisse exister une chose belle qui soit inutile) c'est peut-être dans cette branche de sa production que Lalique exerce le plus généreusement ses facultés créatrices. Qu'il adopte comme matière le verre blanc, brillant ou dépoli, le verre opalin, le verre de couleur : noir, fumée, vert jade, bleu saphir, rouge, le verre irrisé ; qu'il emploie la technique du verre moulé ou du verre taillé ou qu'il combine ces deux procédés, son imagination ne connaît de limite que celles auxquelles elle se contraint elle-même pour atteindre à la perfection en réalisant, selon le volume, la forme générale de l'objet, le rôle qui lui est assigné, décorativement parlant, en vue de l'effet cherché, le rêve dont elle était hantée. Et certains de ces vases, de ces coupes, à fruits, de ces vasques, de ces cornets à fleurs, de ces urnes, ont l'air d'avoir été sculptés, modelés dans des blocs de pierres précieuses. Et tantôt, ici, le verre prend la fermeté et le tranchant du métal ; tantôt, là, l'opacité dense et nette de certains minéraux ; tantôt ici, l'aspect d'une matière inconnue, mystérieuse, indéfinissable, qui évoque l'écorce des fruits ou la chair des fleurs ; tantôt, là, un éclat inouï, une splendeur souveraine qui égale l'éclat et la splendeur des coquilles les plus radieuses... sans que jamais, cependant, l'on puisse oublier que c'est de verre que tout cela est fait.

La même remarque s'applique à une autre famille d'objets d'art récemment créée par le magicien qu'est René Lalique : je veux parler de la ménagerie à laquelle il vient de donner le jour et qui me paraît entièrement digne de prendre place dans les vitrines des collectionneurs et sur les étagères des gens de goût, à côté des plus célèbres ménageries d'art du monde, la japonaise et la danoise. Lalique s'y révèle un animalier de premier ordre, expert à fixer en traits significatifs l'allure générale et typique, le geste familier et caractéristique de ceux de nos frères inférieurs vers lesquels il s'est senti particulièrement attiré. Quelques uns des animaux de Lalique, pour peu nombreux qu'ils soient encore, sont des animaux d'importance : un éléphant, un rhinocéros, un bison, un bœuf, un renne, modelés avec une ampleur rare et un esprit charmant et singulièrement éducateurs, dans leurs proportions réduites, de leurs volumes réels et de leurs physionomies respectives. Parmi la gent ailée, des pigeons et des moineaux, gourmands et replets, si ressemblants et si vivants que l'on s'attend à entendre les roucoulements des uns et les pépiements des autres. Le verre blanc dont sont faites ces bêtes leur sied à merveille ; rien d'étonnant à celà : elles n'ont pas été conçues pour être exécutées en une autre matière et il est impossible de les imaginer faites de bronze ou de terre céramique.

Souhaitons que Lalique élargisse, sans tarder, ce nouveau domaine de son activité. J'en dirai autant au sujet des statuettes féminines dont j'ai salué la naissance récente dans ses ateliers. Ce sont des objets du charme le plus prenant et de la qualité d'art la plus exquise.

Chaque jour, ainsi, le maître ès arts du verre enrichit son trésor pour notre plus grande joie, pour la plus grande joie du plus grand nombre et pour sa propre joie.

□ □

Mais, s'il est, certes, fort important de mettre à la disposition et à la portée du plus grand nombre des objets d'art, de véritables objets d'art au taux courant auquel lui était offert naguère tout le contraire, c'est-à-dire, mille bibelots du goût le plus équivoque, aussi dénués de valeur artistique que de valeur matérielle, aussi pauvres de conception que d'exécution et de matière et qui ne servaient qu'à corrompre le sens esthétique des masses, il ne l'est pas moins, à mon avis, de mettre à la disposition du public des objets d'usage quotidien aussi beaux de forme que d'exécution à des prix moyens.

Les vitrines des grands musées d'art décoratif témoignent du fait que nos aïeux ne vivaient entourés que d'objets usuels qui étaient des objets d'art. En avaient-ils conscience ou non ? Peu importe : le fait est certain.

Rappelant ces époques bénies, le grand peintre anglo-américain Whistler évoquait, dans une de ses conférences, le retour du guerrier primitif ou du laboureur à qui l'on tend à boire dans une coupe parfaite. Quelle autre coupe aurait-on pu lui offrir ? Il n'y en avait pas d'autre. « Le peuple vivait dans les merveilles de l'Art, mangeait et buvait dans des chefs d'œuvre ; pas d'article d'usage quotidien, de luxe ou de nécessité qui ne fût point sorti du dessin du maître et fait par ses ouvriers. » Et l'on peut dire que jusqu'à la fin du dix-huitième siècle il en fut de même. Et tout à coup les choses changèrent. Le monde subit l'invasion de la laideur ; le machinisme aggrava la situation en inondant l'univers entier de productions vulgaires autant que prétentieuses. Qui aurait pu croire que ce serait le même machinisme qui nous en délivrerait ? Mais il fallait, pour cela, que fût accomplie l'union de l'artiste et du fabricant, que l'artiste cessât de considérer comme indigne de lui de travailler pour le fabricant et que le fabricant lui-même consentît à recourir à l'artiste et à collaborer avec l'artiste... ou, enfin, ce qui vaut mieux encore à tous les égards, que l'artiste devînt son propre fabricant.

Qui ne voit que l'indépendance entière que s'est assurée Lalique en devenant industriel lui a permis de réaliser, en ce qui concerne la production de ses verreries de table, des prodiges qu'il n'aurait pu réaliser s'il avait été tributaire de moyens de fabrications extérieurs, étrangers à ses conceptions, d'un outillage qui ne lui aurait pas appartenu en propre et d'une main d'œuvre sur laquelle il n'aurait pas eu toute l'autorité et toute l'action nécessaires ?

Croit-on qu'il aurait pu mener à bien, perfectionner, comme il l'a fait, certaines techniques, en tirer tout le parti qu'il en a tiré — grâce à quoi il lui a été possible de lancer sur le marché les nombreux modèles de services de table sortis de son imagination et, on peut le dire, de ses mains ?

Quand on jette, par la pensée, un regard sur les productions du passé dans l'ordre de choses qui nous occupe, le service de table en verre, et que l'on revoit, par le souvenir, les verres à boire, les carafes, les aiguières, sortis des ateliers de France, d'Italie, d'Allemagne, d'Espagne, de Bohême, depuis la Renaissance, il semble d'abord impossible qu'un artiste verrier invente rien de nouveau. L'on oublie que les combinaisons auxquelles se prête la forme d'un objet sont presque infinies, presque illimitées. Lalique l'a prouvé en donnant corps à une aussi grande diversité de modèles dont on ne pourrait dire d'aucun quelle est sa source dans le passé. Question de proportion, sans doute, car tout en art se résume là.

L'étrange et l'étonnant, c'est que Lalique parvienne, en créant, après tant d'autres, un service de table, à être original. La raison en est qu'il ne cesse jamais d'être logique et rationnel, qu'il a horreur de l'excentricité ; que son art est, avant tout, naturel, aussi naturel que faire se peut.

□ □

Etant parvenu à l'entière maîtrise, à la possession totale des ressources de son métier, que dis-je ? ayant élargi les possibilités techniques de l'art du verre, il eut été surprenant que Lalique n'ambitionnât pas d'étendre le champ de ses expériences au-delà de ce qui avait été tenté jusqu'à ce jour par l'emploi de cette matière si souple et si vivante.

A l'Exposition Internationale des Arts Décoratifs et Industriels Modernes de Paris, en 1925, Lalique fit la démonstration éclatante des innombrables applications du verre à l'architecture et à la décoration intérieure. L'aménagement de la classe de la Parfumerie, la décoration de la Salle-à-Manger exposée par la Manufacture de Sèvres, la fontaine monumentale qui précédait l'entrée de la Cour des Métiers étaient signés de son nom. Quant au pavillon qu'il s'était réservé, il était bien, dans sa simplicité volontaire et raffinée, le produit de son talent souple et fort, épris de mesure et d'audace à la fois. Les marbres blancs du dallage, les bois clairs des plafonds, les portes de verre timbrées de fleurs argentées, les ferroneries des vitrines, le grand plafonnier de verre, tout cela étincelait, chantait, vivait d'une vie scintillante et douce, immatérielle, enchanteresse : l'on eut dit un palais féérique.

Qu'un succès comme celui que remporta Lalique à l'Exposition de 1925, nullement moindre que celui qu'il avait remporté à celle de 1900, ait eu des suites, ne surprendra personne. Que n'ai-je ici la place de faire état, comme il conviendrait, des créations de grande décoration dont Lalique a enrichi l'art moderne depuis 1925.

La fécondité, la diversité du talent de René Lalique, la richesse de son imagination, sont inépuisables.

L'homme qui manie la matière et la dompte à des fins si différentes, qui pare de formes et de décors charmants les demeures humaines, compose pour éclairer nos loisirs et nos méditations des bouquets de lumière et de verre si précieux, revêt les murs de nos intérieurs de si exquises parures et ordonne, pour la plus parfaite joie de nos yeux, et de notre esprit, des décors paradisiaques, est un véritable magicien.

N'avais-je pas raison en disant, tout à l'heure, que Lalique est, de tous ses confrères, artistes-décorateurs, celui qui a le plus contribué à mettre au premier rang, dans la production universelle des Arts Décoratifs, l'Art Décoratif Français ?

Gabriel MOUREY.

Boîtes et Bonbonnières (Boxes and Candy Dishes)

Numéro	Planche		Blanc	Couleur
1	42	Boite ronde paon	450	
2	44	— — coq	300	325
3	43	— — amour assis	375	425
4	45	— ovale roses en relief	450	500
5	50	— ronde Louveciennes	300	
6	50	— — Ermenonville	250	
7	50	— — Fontenay	165	
9	47	— — 1 figurine et raisins	200	
10	47	— — 1 figurine et bouquets	200	
11	47	— — 2 figurines et branches	200	
14	49	— — 4 papillons	100	120
15	49	— — 4 scarabées	165	185
20	50	— ovale amours	200	
21	50	— — panier de roses	200	
22	50	— — Gabrielle	200	
23	50	— — cygnes	200	
24	50	— — 2 danseuses	200	
26	47	— ronde pommier du Japon	150	175
28	44	— — guirlande de graines	100	
29	47	— — houppes		250
30	49	— — 3 paons	125	
31	49	— — Victoire	125	
32	49	— — 2 figurines	125	
33	49	— — 1 grand vase	125	
34	49	— — 2 pigeons	125	
35	49	— — 2 oiseaux	125	
37	49	— — 3 vases	125	
39	49	— — anges	125	
41	46	— — grande, muguets		425
42	46	— — — cyprins		450

Numéro	Planche		Blanc	Couleur
43	49 bis	Boite ronde grande, 2 sirènes		425
44	50 bis	— — — cigales		375
45	50 bis	— — moyenne, Georgette		350
46	46	— — — 3 dahlias		300
47	46	— — — 6 —		325
49	48	— — petite, cléones		175
50	48	— — — Tokio		165
51	48	— — — libellules		160
52	48	— — — mésanges		150
53	42	— à cigarettes hirondelles	125	
54	42	— — zinnias	125	
57	50 bis	— ronde Geneviève	135	
58	49 bis	— — Compiègne	95	
59	47	— — Fontainebleau	95	
60	42	— — Rambouillet	95	
61	47	— — Meudon	95	
62	49 bis	— — Chantilly	95	
63	44	— — cheveux de Vénus	100	
64	42	— — Isabelle	70	
65	50 bis	— — gui	70	80
66	44	— — Degas	75	
67	44	— — Lucie	65	
68	44	— — Vaucluse	65	
69	42	— — marguerites	50	
70	49 bis	— — Émiliane	55	
71	49	— — coquilles	45	55
75	45	— — Roger		200
75	45	— — — émaillé	200	
76	50	— hexagonale Saint-Nectaire	40	
77	41	— ronde moyenne primevères (160 mm.)	200	225
78	43	— ovale Dinard	175	

Les boîtes Nos 41 à 47 et 81 peuvent êtres fournies, soit avec fond satin, soit avec fond verre

Boîtes et Bonbonnières (Boxes and Candy Dishes)

Numéro	Planche		Blanc	Couleur
79	41	Boite à cigares, Roméo (couvercle à glissière)	550	
80	41	— à cigares, Corona	600	
81	43	— ronde Saint-Marc		450
82	45	— œuf pervenches	90	100
83	41	— carrée Sultane	350	450
84	43	Boite ronde Vallauris	150	185
85	45	— œuf poussins	110	
86	41	— ronde grande primevères (200 mm.)	275	325
87		— carrée palmettes	240	

Bijouterie (Jewelry)

Bracelets

1326	87*	Bracelet extensible, 25 rondelles, dahlias	385	440
1327	87	— — 32 rondelles, zig-zag	335	385
1328	87	— — 36 rondelles, plates	450	500
1328	87	— — 36 rondelles, plates émaillées	550	600
1329		— — cerisier	350	400
1330	86	— — poussins	350	400
1331	86	— — fougères	350	400
1332	86	— — sophora	350	400
1333	86	Bracelet extensible, coqs	350	400
1334	86	— — mésanges	350	400
1335		— — palmettes	350	400
1336		— — Renaissance	350	400
1337		— — griffons	350	400
1338		— — moineaux	350	400
1339		— — soleils	350	400
1340	86	— — muguets, haut	400	450
1341	86	— — — bas	400	450
1342		— — Mauricette	350	400
1343		— — créneaux	350	400

* Illustration du collier.

Colliers (Necklaces)

Numéro	Planche		Blanc	Couleur
1500		COLLIER grosses graines, boules ovales, 12 motifs		500
1505	85	— lierre	400	450
1509	85	— muguet, 20 motifs		300
1510	85	— — 24 —		360
1511	87	— dahlias, 60 —	800	900
1512	87*	COLLIER zig-zag, 85 motifs	900	1000
1513	87	— boules (dahlias et rondelles plates), 23 boules	950	1050
1514		— lotus, 22 motifs		600
1515	87	— fougères, 22 —		600
1516	86	— décors divers	1500	

* Illustration du bracelet

Pendentifs (Pendants)

1631		PENDENTIF ovale, sirènes	150
1632		— — fuchias	150
1638		— — figurine écharpe, de face	150
1639		— — figurine écharpe, de dos	150
1640	85	— — figurine ailée	200
1641	85	— — figurine se balançant	200
1642	85	— rond, 2 figurines et fleurs	200
1643		— — 3 papillons	150
1644		— — 2 perruches	150
1645		PENDENTIF cœur, figurine ailée	200
1646		— — cupidon	185
1647		— carré, 2 figurines et fleurs	150
1661		— rond, 2 danseuses	150
1662		— — figurine dans les fleurs	150
1663		— cigognes	150

Bouchons de Radiateur (Hood Ornaments)

Numéro	Planche				Blanc	Couleur
1122		Bouchon de radiateur		5 chevaux	280	
1123		—	—	comète	275	
1124		—	—	faucon	285	
1126	77*	—	—	archer	285	
1135	88	—	—	coq nain	400	435
1136	75*	—	—	tête de bélier	285	
1137	76*	—	—	— de coq	420	
1138	76*	—	—	— d'aigle	400	
1139	75*	—	—	— d'épervier	245	275
1140	77*	—	—	— de paon	320	350
1141	77*	—	—	lévrier	285	
1142	77*	—	—	St-Christophe	285	
1143	77*	—	—	hirondelle	285	
1144	88	—	—	libellule, petite	275	

Numéro	Planche				Blanc	Couleur
1145	76*	Bouchon de radiateur		libellule, grande	385	
1146	75*	—	—	grenouille	245	275
1147	88	—	—	Victoire	450	
1152	76*	—	—	Longchamps	350	
1153	88	—	—	Epsom	350	
1157	77*	—	—	sanglier	245	275
1158	76*	—	—	perche	295	320
1160	88	—	—	vitesse	420	460
1161	77*	—	—	coq Houdan	370	400
1164	77*	—	—	pintade	295	
1181	112*	—	—	hibou	385	
1182	112*	—	—	renard	635	
1183	112*	—	—	Chrysis	460	485

* Illustrés sans monture.

Brûle Parfums à Alcool (Spirit-burning Censers)

2650	102	Brule Parfums		papillons	200	250
2651	102	—	—	sirènes	200	250
2652	102	—	—	faune	400	
2653	102	—	—	carrousel	400	

Système complet seul net		10,50
Pastille	—	7,75
Mèche et clou	—	1,25
Tube verre	—	1,50

Buvards (Blotter Handles)

Numéro	Planche		Blanc	Couleur
150	61	Buvard grosses feuilles	325	
151	61	— escargots	325	
152	61	— cerises	325	
153	61	— faune et nymphe	325	
154	61	— 2 sirènes enlacées, assises	325	
155	61	Buvard feuilles d'artichauds	325	
156	61	— mûres	325	
157	61	— 2 sirènes face à face, couchées	325	

Cachets (Seals)

Gravure : 1 lettre : 40 frs 2 lettres : 65 frs 3 lettres : 100 frs

Numéro	Planche		Blanc	Couleur
175	63	Cachet tête d'aigle	165	185
176	63	— 4 figurines, face	100	
177	63	— — angle	100	
178	62	— rond, bleuets	100	120
179	62	— anneau; lézards	100	
180	63	— mouche	175	
181	63	— statuette drapée	175	190
182	65	— poisson	125	150
183	65	— sauterelle	95	110
184	63	— motif aigle (bouchon d'encrier)	325	
185	63	— — souris — —	325	
186	63	— — pigeons — —	325	
187	62	— perruches	185	
188	62	— hirondelles	185	
189	62	— vase de fleurs	185	
190	62	— papillon, ailes fermées	175	
192	62	— — ailes ouvertes	175	
193	64	— rond, figurine dans les fleurs	150	
194	64	— rond, 2 danseuses	150	
195	62	Cachet armes d'Angleterre	200	
196	62	— double marguerite	185	200
197	64	— rond, 3 papillons	150	
198	64	— — 2 perruches et fleurs	150	
200	64	— — 2 figurines et fleurs	200	
201	64	— ovale, figurine ailée	200	
202	64	— — figurine se balançant	200	
209	63	— figurine, mains jointes	175	190
210	63	— victoire	65	75
211	64	— ovale, sirènes	150	
212	64	— — fuchsias	150	
213	64	— rond, cigognes	150	
214	65	— lapin	45	50
215	65	— dindon	45	50
216	65	— chien	45	50
217	65	— renard	45	50
218	65	— souris	45	50
219	65	— canard	45	50
220	65	— moineau	45	50

Cachets (Seals)

Numéro	Planche		Blanc	Couleur
221	108	CACHET naïade	70	70
222	108	— pélican	45	45
223	108	— pinson	50	50
224	108	— caravelle	50	50
225	108	— bélier	50	
226	108	— chamois	45	
227	108	— écureuil	80	80
228	108	— faune	60	
229	108	— athlètes	55	
230	108	— 2 colombes	60	60
231	108	— Nice	125	

Cadres (Frames)

Numéro	Planche		Blanc	Couleur
250	67	CADRE 2 figurines et fleurs	600	
253	66	— muguets	225	250
254	66	— bleuets	600	
255	67	— Laurea	650	
256	67	— bergeronnettes	375	425
257	66	— hirondelles	275	325
258	67	CADRE inséparables	250	300
259	66	— étoiles	450	550
260	66	— lys	600	725
263	66	— guirlandes	225	250
264	67	— naïades	300	

Cendriers (Ashtrays)

Numéro	Planche				Blanc	Couleur
275	70	Cendrier	rond	2 zéphyrs	65	75
278	71	—	—	archers	90	100
279	71	—	ovale	feuilles	135	150
280	70	—	—	Médicis	135	150
281	70	—	carré	Vézelay	60	80
282	70	—	octog.	fauvettes	125	150
283	68	—	rond	canard	60	70
284	68	—	—	moineau	60	70
285	68	—	—	lapin	60	70
286	68	—	—	souris	60	70
287	68	—	—	dindon	60	70
288	68	—	—	statuette de la fontaine	80	100
289	71	—	octog.	Alice	75	80
290	68	—	rond	chien	60	70
291	68	—	—	renard	60	70
292	71	—	—	Trianon	125	
293	69	—	—	Anthéor	110	135
294	69	—	—	Cuba	90	100
295	69	—	—	Tabago	90	100
296	70	—	—	Jamaïque	90	100
297	70	—	—	Grenade	90	100
298	69	—	—	Martinique	90	100

Numéro	Planche				Blanc	Couleur
299	71	Cendrier	rond	Pâquerette	90	100
300	70	—	—	Simone	80	90
301	71	—	—	Louise	90	100
302	71	—	—	Berthe	90	100
303	69	—	carré	Anna	100	110
304	71	—	rond	Irène	90	100
305	70	—	—	Nicole	90	100
306	71	—	carré	Marsan	40	
307	69	—	—	Varèse	80	100
308	69	—	rond	Sumatra	90	100
309	109	—	—	naïade	85	85
310	109	—	—	pélican	60	60
311	109	—	—	pinson	70	70
312	109	—	—	caravelle	65	65
313	109	—	—	bélier	65	
314	109	—	—	chamois	60	
315	109	—	—	écureuil	95	95
316	109	—	—	faune	75	
317	109	—	—	dahlia	80	
318	109	—	—	— et papillon	130	
319	109	—	—	athlètes	70	
320	109	—	—	2 colombes	75	75

Coffrets (Chests)

Numéro	Planche		Blanc	Couleur
350		Coffret monnaie du pape 5 plaques	2400	
351		— papillons 5 —	2400	
353		— monnaie du pape 1 plaque	1650	
354		Coffret papillons 1 plaque	1650	
355		— chrysanthèmes 1 plaque	1650	
356		— figurines 5 plaques	3500	

Coupes et Assiettes (Bowls and Plates)

Numéro	Planche		Blanc	Couleur
375	34	Coupe sirènes	2200	2500
376	32	— trépied, sirène	800	925
377	32	— Martigues	900	1100
378	33	— cyprins, plate		900
379	36	— — refermée		900
380	39	— ondines, ouverte	185	200
381	39	— — fermée	185	200
382	37	— lys satiné	160	200
383	39	— volubilis	80	100
385	36	— vasque, coquilles	165	235
387	31	— sur pied, Clairvaux émail	250	275
388	31	— — — Saint-Denis émail	250	275
389	38	— filix	160	250
389	38	— — émail	250	300
390	32	— gazelles	275	335
391	33	— Saint-Vincent	325	450
392	31	— Cernuschi	325	375
393	35	— Armentières	375	425
395	39	— Vernon		65
396	37	— Mont-Dore		100
397	39	— véronique		90
398	39	— nonnettes		70
399	37	Coupe Montigny	300	400
400	32	— Crémieu	250	350
401	34	— Tournon	250	300
402	33	— Villeneuve	300	375
403	31	— Madagascar	375	500
404	35	— Nemours, émail	200	225
405	35	— Fleurville	160	225
406	34	— phalènes		900
407	33	— Flora Bella		900
408	35	— Anvers		900
409	37	— rosace		200
410	36	— anges		900
411	35	— éléphants	800	
412	31	— cristal, 2 moineaux moqueurs	1200	
413	107	— Calypso	350	350
414	107	Assiette Calypso	400	400
415	107	— églantine	210	210
3001	36	— chasse chiens émail	330	
3002	36	— 1 figurine et fleurs —	175	
3003	39	— ondines	225	260
3023	38	— filix	350	375
3100	39	Coupe bol fleur émail	140	

Coupes et Assiettes (Bowls and Plates)

Numéro	Planche		Blanc	Couleur
3210	37	Coupe dahlias	60	100
3213	39	— chicorée	60	100
3223	34	— gui nº 1 (240 mm.)		100
3223	34	Coupe gui nº 1 émail	100	
3224	34	— — nº 2 (205 mm.)		80
3224	34	— — nº 2 émail	80	

Encriers (Inkwells)

425	73	Encrier nénuphar	75	80
426	73	— 3 papillons	325	350
427	73	— biches	750	875
428	72	— plateau aigle	750	
429	72	— — souris	750	
430	72	— — pigeons	750	
431	72	— rond mûres	325	375
432	74	— — serpents	300	350
433	72	Encrier rond escargots	300	350
434	74	— — 4 sirènes	375	425
437	72	— — Cernay	275	325
438	74	— rectang. Colbert (50 épreuves)	1800	
439	74	— — Sully	350	400
440	73	— — Mirabeau (couvercle à glissière)	650	750

Flacons (Bottles)

Numéro	Planche		Blanc	Couleur
475	51	FLACON 4 cigales	185	200
476	52	— pavot	150	
477	53	— bouchon papillons	100	
478	51	— petites feuilles	80	
482	53	— lunaria	200	
483	51	— olives	80	
484	52	— capricorne	80	
485	51	— lentilles	50	
486	53	— fleurs concaves	80	
487	52	— panier de roses	200	
488	53	— rosace figurines	250	
489	53	— fougères, bustes de femmes	350	
490	53	— méplat, 2 figurines, bouchon figurines	450	
491	52	— salamandres	100	125
492	53	— nénuphar	200	
493	51	— bouchon fleurs de pommier	500	
494	51	— — cassis	225	250
495	51	— — mûres	225	250
496	53	— — 3 hirondelles	250	
497	52	— spirales	35	
498	52	— 3 guêpes	110	
499	52	— anses et bouchon marguerites	150	
500	52	— collerette, glands de soie	165	
501	51	— gros fruits — —	225	

Numéro	Planche		Blanc	Couleur
502	51	FLACON serpent	50	
503	52	— carré, hirondelles	100	
504	53	— Pan	80	
505	53	— 4 soleils	300	
506	52	— Lepage	80	
507	52	— bouchon eucalyptus	130	165
508	51	— telline	65	80
510	53	— carnette fleurs	185	
511	52	— plat, 3 groupes de 2 danseuses	350	
512	52	— — 6 danseuses	350	
513	53	— glycines	50	
514	51	— Amphitrite	115	140
515	52	— Marquita	45	55
516	51	— Camille	45	55
517	52	— Clamart	80	100
518	51	— Palerme	25	
519	53	— cactus	100	125
520	53	— Amélie	45	55
521	51	— Grégoire	55	65
522	52	— Hélène (Lotus)	70	80
523	53	— Ambroise	40	50
524	51	— Tantot	80	100
525	102	— muguet	125	
526	102	— Clairefontaine	150	

Garnitures de Toilette (Toilet Sets)

Numéro	Planche		Blanc	Émail
575	56	Fleurettes flacon nº 1	140	150
576	56	— — nº 2	120	130
577	56	— — nº 3	100	110
578		— polissoir	95	105
579	56	— épinglier	60	65
580	56	— boîte à poudre haute nº 1	140	150
581	56	— — — basse nº 2	120	130
582	56	— coupe à peignes	120	130
583	56	— porte-savon	100	110
584	56	— bol à éponge	120	130

Se fait en verre transparent ou satiné

Numéro	Planche		Blanc	Émail
590	55	Épines flacon nº 1	130	140
591	55	— — nº 2	120	130
592	55	— — nº 3	100	110
593	55	— — nº 4	80	90
594	55	— boîte nº 1	110	120
595	55	— — nº 2	95	105
596	55	— — nº 3	80	90
597	55	— épinglier	50	55
598	55	— coupe à peignes	110	120
599	55	— porte-savon	80	90

Numéro	Planche			Blanc	Émail
600	54	Perles flacon nº 1	satiné	70	75
600	54	— — nº 1	poli	80	
601	54	— — nº 2	satiné	60	65
601	54	— — nº 2	poli	70	
602	54	— — nº 3	satiné	50	55
602	54	— — nº 3	poli	60	
603	54	— boîte nº 1	satiné	65	70
603	54	— — nº 1	poli	75	
604	54	— — nº 2	satiné	55	60
604	54	— — nº 2	poli	65	
605	54	— coupe à peignes	satiné	55	60
605	54	— — —	poli	70	
606	54	— porte-savon	satiné	40	45
606	54	— —	poli	50	
607	54	— épinglier	satiné	30	35
607	54	— —	poli	40	
608	54	— bol à éponge	satiné	50	55
608	54	— —	poli	60	
609	102	Enfants flacon		180	190
610	102	— boîte		170	180
611	57	Myosotis (bouchon figurine) flacon nº 1		800	900
612	57	— — nº 2		700	800
613	57	— — nº 3		600	700
614	57	— boîte nº 1		800	900

Garnitures de Toilette (Toilet Sets)

Numéro	Planche			Blanc	Émail
615	115	Dahlia	flacon nº 1	115	125
616	115	—	— nº 2	90	100
617	115	—	— nº 3	65	75
618	115	—	— nº 4	40	50
619	115	—	boîte nº 1	140	150
620	115	—	— nº 2	90	100
621					
622					
623	114	Duncan	flacon nº 1	150	160
624	114	—	— nº 2	130	140
625	114	—	— nº 3	110	120
626	114	—	— nº 4	90	100
627	114	—	boîte nº 1	150	160
628	114	—	— nº 2	130	140
629	114	—	épinglier	60	60
630	114	—	coupe à peignes	100	100
631	114	—	bol à éponge	80	80

Numéro	Planche	Blanc	Émail

Jardinières (Flower Bowls)

Numéro	Planche		Blanc	Couleur
3460	92	Jardinière acanthes	500	
3461	92	— Saint-Hubert	800	
3462	92	— mésanges	1000	

Miroirs (Mirrors)

Numéro	Planche		Blanc	Couleur
675	59	Miroir Narcisse couché	800	
677	58	— rond, 2 oiseaux	500	
678	58	— — 2 chèvres	500	
679	58	— — 3 paons, gland de soie	650	
680	59	— ovale, sauterelles	250	
681	59	— — Psyché	250	
682	59	Miroir ovale, tête	250	
683	59	— — Narcisse debout	250	
684	58	— rond, muguets, gland de soie	550	
685	60	— — grand, églantines	2800	
686	60	— — — épines	2800	

Motifs Décoratifs (Decorative Objects)

Numéro	Planche		Blanc	Couleur
1100	90	Gros poisson vagues	2200	2450
1100	90	— — vagues sur socle bronze monture électrique	2750	3000
1101	90	— — algues	2000	2250
1101	90	— — algues sur socle bronze monture électrique	2725	2975
1106	91	Motif hirondelles, socle verre	900	
1107	91	— — — bronze	1300	
		— bronze seul	350	
1108	92	— 4 danseuses, socle bronze	1200	
1108	92	— 4 danseuses, socle bronze, mont. électr.	1300	
1109	89	Surtout 2 cavaliers, socle bronze monture électrique	8000	
1110	89	— 3 paons, socle bronze, monture électrique	8000	
1111	92	Oiseau de Feu	1900	
1111	92	— — socle bronze, mont. électr.	2450	
1149	93	Moineau fier	125	

Numéro	Planche		Blanc	Couleur
1150	93	Moineau hardi	125	
1151	93	— timide	125	
1154	92	Moineau sur socle ailes croisées	250	
1155	92	— — ailes ouvertes	250	
1156	92	— — ailes fermées	250	
1165	93	Moineau coquet	125	
1166	93	— sournois	125	
1167	93	— moqueur	125	
1169	91	Surtout caravelle	10000	
1170	90	— Yéso (poissons)	3000	
1171	90	— fauvettes A	2800	
1172	90	— — B	2800	
1173	90	— — C	2800	
1174	92	— nid d'oiseaux	3000	
1175		— amours	15000	
1177	91	— tulipes	12000	
1178	94	Vase 2 anémones	200	
1179	94	Anémone ouverte	60	
1180	94	— fermée	60	
1199	101	Pigeon Liège	450	
1200	101	— Namur	450	

Pendules (Clocks)

Numéro	Planche		Blanc	Couleur
725	79	PENDULE électrique, feuilles	950	1100
726	78	— — 2 figurines	3500	
727	79	— — 2 colombes	1350	1500
728	78	— — le jour et la nuit		3500
729	80	— — sirènes	2200	2500

Numéro	Planche		Blanc	Couleur
731	111	PENDULE 8 jours, roitelets	1125	
732	110	— — papillons	1175	
733	110	— — muguet	1175	
734	110	— — Marly émail	1075	
735	110	— — rossignols	1100	
736	80	— — Hélène	1000	

pile de rechange net 12

Pendulettes (Small Clocks)

Numéro	Planche		Blanc	Couleur
760	80	PENDULETTE 8 jours, 4 perruches	700	
761	78	— — 5 hirondelles	700	
762	78	— — marguerites	700	
763	80	— — 6 hirondelles	700	

Numéro	Planche		Blanc	Couleur
764	79	PENDULETTE 8 jours, naïades		550
765	79	— — inséparables		550
766	110	— — pierrots	500	
767	110	— — Antoinette	850	

Presse-Papiers (Paperweights)

Numéro	Planche			Blanc	Couleur
801	75	Presse-Papiers	2 aigles	250	300
802	75	—	double marguerite	225	250
803	101	—	2 sardines	150	
804	101	—	3 —	150	
1126*	77	—	archer	150	
1128	75	—	2 tourterelles	400	500
1135*	76	—	coq nain	265	300
1136*	75	—	tête de bélier	150	
1137*	76	—	tête de coq	285	
1138*	76	—	tête d'aigle	265	
1139*	75	—	tête d'épervier	110	140
1140*	77	—	tête de paon	185	215
1141*	77	—	lévrier	150	
1142*	77	—	Saint-Christophe	150	
1143*	77	—	hirondelle	150	
1145*	76	—	libellule grande	250	
1146*	75	—	grenouille	110	140
1148	75	—	antilope	100	125
1149	75-93	—	moineau fier	125	
1150	93	—	— hardi	125	
1151	93	—	— timide	125	
1152*	76	—	Longchamps	215	
1154	77-92	—	moineau sur socle (ailes croisées)	250	
1155	92	—	moineau sur socle (ailes ouvertes)	250	

Numéro	Planche			Blanc	Couleur
1156	92	Presse-Papiers	moineau sur socle (ailes fermées)	250	
1157*	77	—	sanglier	110	140
1158*	76	—	perche	160	185
1159	77	—	cheval	100	125
1161*	77	—	coq Houdan	235	265
1162	76	—	chat	150	175
1164*	77	—	pintade	160	
1165	93	—	moineau coquet	125	
1166	93	—	— sournois	125	
1167	93	—	— moqueur	125	
1168	75	—	daim	110	140
1176	75	—	barbillon	135	
1181*	112	—	hibou	250	
1182*	112	—	renard	500	
1183	112	—	Chrysis	325	350
1191	113	—	éléphant	600	
1192	113	—	Toby (éléphant)	125	
1193	113	—	chouette	100	
1194	113	—	taureau	200	
1195	113	—	rhinocéros	150	
1196	113	—	bison	250	
1197	113	—	renne	125	

Voir aussi statuettes Planches 81, 83 et 113

* Peuvent être montés en bouchons de radiateur moyennant un supplément de 135 frs

Statuettes

Numéro	Planche		Blanc	Couleur
826	84	STATUETTE joueuse de flûte	1250	1500
827	84	— tête penchée	1250	1500
828	83	— voilée, mains jointes	750	850
829	83	— moyenne, voilée	350	400
830	83	— — nue	350	400
831	83	— sirène	250	275
832	81	— naïade	300	350
833	83	— Suzanne	550	625
833	83	— — sur socle bronze monture électr.	1100	1175
834	83	— Thaïs	550	625
834	83	— — sur socle bronze monture électr.	1100	1175
835	81	— nue, bras levés	1350	
835	81	— — — — sur socle bois, monture électrique	1750	
836	81	— nue, socle lierre, sur socle bois	1900	2350

Numéro	Planche		Blanc	Couleur
837	82	STATUETTE source de la fontaine	1900	
838		— — —	1900	
839		— — —	1900	
840		— — —	1800	
841	82	— — —	1700	
842		— — —	1600	
843		— — —	1600	
844		— — —	1500	
845		— — —	1500	
846		— — —	1400	
847		— — —	1400	
848	82	— — —	1350	
849		— — —	1350	
1160	81	— vitesse	285	325
1183	112	— Chrysis	325	350

Les n°s 837 à 849 sur socle bois rectangulaire

Les Statuettes " SOURCE DE LA FONTAINE " non illustrées sont des variantes des n°s 837, 841, 848.

Vaporisateurs (Atomizers)

Numéro	Planche				Blanc	Émail
650		Épines	flacon nº 1		200	210
651		—	— nº 2		175	185
652		—	— nº 3		155	165
653		—	— nº 4		125	135
654		Fleurettes	— nº 1		205	215
655		—	— nº 2		175	185
656		—	— nº 3		145	155
657		Perles	— nº 1	satiné	135	140
657		—	— nº 1	poli	145	
658		—	— nº 2	satiné	115	120
658		—	— nº 2	poli	125	
659		—	— nº 3	satiné	95	100
659		—	— nº 3	poli	105	

Numéro	Planche			Blanc	Émail
660		Sirènes		275	325
662		Mimosa		150	160
663	102	Enfants		190	200
664	115	Dahlia	flacon nº 2	115	125
665	115	—	— nº 3	90	100
666	115	—	— nº 4	65	75
667	114	Duncan		130	140

Vases

Numéro	Planche		Blanc	Couleur
875	1	Vase antilopes émaillé	2000	2200
876	6	— perruches	1000	1200
877	3	— grande boule, lierre	2000	2400
878	8	— 4 masques	1300	1500
880	2	— 2 anneaux, pigeons	1200	1400
881	2	— 2 — lézards	1200	1400
882	2	— 2 — scarabées	1200	1400
883	5	— méplat, sirènes, avec bouchon figurine	1250	1400
886	5	— 6 figurines et masques	850	950
890	1	— lutteurs	875	975
891	1	— camées	900	1000
892	7	— gros scarabées	800	900
893	4	— archers	750	850
894	1	— baies	750	825
894	1	— — émaillé	875	1000
896	1	— serpent	500	550
897	9	— monnaie du pape	650	750
900	1	— courges	300	350
901	14	— poivre	575	675
902	6	— acanthes	650	750
903	2	— gobelet 6 figurines	575	650
904	5	— béliers	500	575
905	2	— Ceylan (8 perruches)	500	575
906	18	— fontaine, couvert	350	425
907	2	— bordure bleuets	350	
908	5	— bordure épines	400	
909	7	— bleuets	450	
911	4	— 2 moineaux dormant	425	500
912	4	— 2 — bavardant	425	500
914	4	— 12 figurines avec bouchon figurine	600	700
915	5	— cristal 2 sauterelles	300	375
919	10	Vase aras	550	650
920	27	— martins pêcheurs	625	725
921	2	— épicea	350	
924	4	— cariatides, couvert	290	
925	10	— poissons	525	625
926	9	— soleil, émaillé	450	
929	12	— chardons	275	325
930	8	— violettes	275	325
931	7	— escargot	225	275
932	9	— coquilles	225	275
934	8	— Formose	275	325
935	8	— sauge	250	300
936	7	— eucalyptus	200	250
937	9	— Druides	200	250
938	11	— dahlias	200	250
940	9	— néfliers	125	150
941	9	— Estérel	150	160
942	8	— lièvres	125	190
943	3	— dentelé	140	160
944	7	— plumes	200	250
945	11	— lotus	200	
948	12	— gui	125	150
949	9	— acacia	100	125
950	7	— méduse	90	
951	14	— guirlande de roses, mat	85	
952	14	— palmes	90	100
953	11	— mimosa	90	
954	21	— églantines	80	90
955	11	— Téhéran (genre gravure)	100	
956	4	— Tournai	75	85
957	11	— Malines	70	80
958	27	— Albert	200	250
959	11	— perles	60	70

Vases

Numéro	Planche		Blanc	Couleur
960	12	Vase Beaulieu (décor gravé)	115	135
961	11	— Cluny (anses bronze)		2850
962	14	— Senlis (anses bronze)		2750
963	20	— tourterelles	500	600
964	12	— oranges émaillé	1650	1850
966	17	— tortues	525	625
967	13	— Lagamar émaillé	600	
968	13	— Koudour —	325	
969	13	— Morgan —	425	
970	13	— Nimroud —	585	
972	17	— Danaïdes	275	325
973	13	— tourbillons		650
973	13	— — émaillé	600	
974	12	— Chamarande	300	400
975	12	— Yvelines	450	500
976	19	— Ornis	300	375
977	18	— sophora	375	450
978	15	— charmilles	625	
980	17	— Palissy	160	200
981	19	— Bouchardon	325	365
982	17	— Ronsard	400	450
984	25	— ormeaux	125	150
986	18	— Avallon	275	325
987	19	— grimpereaux	375	450
988	14	— aigrettes	875	975
989	18	— Beautreillis	250	300
990	18	— Pierrefonds	825	950
991	18	— Rampillon	115	140
992	19	— Moissac	140	160
993	16	— Bellecour	1200	1400
994	18	— Honfleur	175	
995	17	— tulipes	250	290
997	20	— bacchantes	1500	1650
998	18	Vase Alicante	975	1150
999	19	— Oran	1000	1100
1000	21	— Armorique	400	500
1001	23	— Dordogne	450	500
1002	22	— Marisa	390	425
1003	11	— Périgord	140	190
1004	23	— Champagne	200	235
1005	20	— Nivernais	200	235
1006	22	— Picardie	600	675
1007	14	— tournesol	100	125
1008	11	— Oléron	90	100
1010	4	— Camaret	150	160
1011	22	— Penthièvre	375	450
1013	25	— Tristan	475	575
1015	23	— Salmonides	900	1000
1016	25	— Soudan	200	225
1017	20	— Borromée	300	325
1019	20	— Ferrières	100	135
1020	23	— Caudebec	175	
1021	21	— Languedoc	750	850
1022	23	— Montargis	300	350
1023	25	— Amiens	225	290
1024	22	— Pétrarque	1200	1500
1025	23	— Milan	500	600
1026	21	— à tulipes Delft	80	
1027	21	— — Rotterdam	80	
1028	21	— — Bréda	80	
1029	21	— — Utrecht	80	
1030	22	— Margaret	900	1000
1031	25	— Sylvia, couvert	800	900
1032	3	— raisins	160	200
1033	15	— coqs et plumes	160	200
1034	15	— coqs et raisins	160	200

Vases

Numéro	Planche		Blanc	Couleur
1035	26	Vase cerises	375	425
1036	27	— Fontainebleau	335	385
1037	27	— prunes	325	375
1038	28	— pinsons	400	450
1039	27	— soucis	280	325
1040	27	— lilas	300	350
1041	26	— lierre	250	275
1042	24	— graines	230	280
1043	24	— Piriac	190	235
1044	16	— renoncules	175	200
1045	16	— grenade	150	175
1047	28	— chevaux	215	265
1048	29	— naïades	2000	2200
1049	26	— Monaco	375	425
1050	26	— Montmorency	400	450
1051	24	— Carthage	450	500
1052	28	— farandole	750	825
1053	29	— Tuileries	700	775
1054	28	— Nadica	2800	3500
1055	26	— Saint François	150	180
1056	105	— Bornéo émail	550	

Numéro	Planche		Blanc	Couleur
1057	104	Vase couvercle chrysanthème socle bois	1500	
1058	104	— mûres	400	450
1059	104	— Bali	1400	
1060	105	— spirales	125	150
1061		— à tulipes Helder	80	
1062	106	— faune taillé	1300	
1063	103	— grillons —	1000	
1064	106	— mésanges —	1000	
1065	103	— roitelets —	800	
1066	106	— 2 pigeons —	750	
1067	106	— écureuils —	800	
1068	103	— coq —	550	
1069	103	— Beauvais —	550	
1070	104	— enfants	750	
1071	103	— merles taillé	1300	
1072	105	— laiterons		50
1073	105	— Bresse		120
1074	105	— Le Mans		120
1075	105	— chamois		120
1076	105	— canards		120

Deux erreurs typographiques dans les illustrations indiquent : n° 1056 Bornes au lieu de Bornéo, et n° 1072 Laiderons au lieu de Laiterons.

Vases

Numéro	Planche	Blanc	Couleur	Numéro	Planche	Blanc	Couleur

Vases

Numéro	Planche	Blanc	Couleur	Numéro	Planche	Blanc	Couleur

Divers (Miscellaneous)

Numéro	Planche		Blanc	Couleur
1121		GOBELET porte-cigarettes, lierre	55	65
1125		SUPPORT cariatide	800	
1163	101	SERRE-LIVRES amours pièce	600	700
2110	111	CANDÉLABRE roitelets	1000	

Numéro	Planche		Blanc	Couleur
1198		CHRIST	1500	
1198		— sur socle chromé	3000	
1198		— — bois	1800	

SERVICES DE TABLE
(DINNER SERVICE)

(1) N. B. — Les articles faisant partie de cette rubrique sont extraits du catalogue " Services de Table ". Leur exclusivité ne peut être garantie au même titre que celle des " Objets d'Art ".

Brocs et Carafes (Bottles and Carafes)

Numéro	Planche		Blanc	Émail ou Couleur
3152	96	CARAFE pyramidale	150	
3153	95	— plate, 2 danseuses	700	
3155	95	— reine marguerite		450
3155	95	— — avec bouchon verre		525
3156	95	— masque		450
3156	95	— — avec bouchon verre		525
3156	95	— — avec bouchon argent		625
3157	96	— aubépine	525	600
3158	96	— 6 figurines		600
3161	97	— marguerites bouchon pointu	275	325
3163	95	— coquilles	250	300
3164	95	— vrilles de vigne	200	
3165	95	— raisins	225	275

Numéro	Planche		Blanc	Émail ou Couleur
3166	96	CARAFE plate, épines	190	225
3169	96	— Dundee	175	200
3170	98	— bantam	100	
3171	98	— padoue	100	
3172	98	— faverolles	100	
3173	98	— nippon	100	
3174	98	BROC bambou	125	
3175	98	CARAFE coquelicot	100	
3176	99	BROC Jaffa	200	200
3177	99	— Blidah	250	250
3178	99	— Hespérides	250	250
3179	99	— Bahia	200	200
3180	99	— Sétubal	250	250

Caves à Liqueurs (Cellarets)

1184	100	CAVE A LIQUEURS pan et bacchantes	2700
1185	100	flacon seul pan	300
1186	100	— — bacchantes	300
1187	100	— — enfant	2250
1188	100	flacon seul	250
1189	100	CAVE A LIQUEURS vigne	2250
1190	100	flacon seul	250
1201	100	— — Glascow	2250
1202	100	flacon seul	250

Gobelets et Verres (Tumblers and Glasses)

Numéro	Planche		Blanc	Émail ou Couleur
3400	97	Gobelet 6 figurines		100
3401	95	— raisins	50	60
3402		— épines	40	50
3404	97	— marguerites	100	110
3405	97	— spirales	12	
3406	97	— lotus	11	12
3407	97	— pavot	11	12
3409	98	— coquelicot		5
3410	99	— Jaffa	20	20
3411	99	— Blidah	25	25
3412	99	— Hespérides n° 1 (125 mm.)	25	25
3413	99	— Bahia	20	20
3414	99	— Sétubal	25	25
3417		— Hespérides n° 2 (105 mm.)	20	20

Numéro	Planche		Blanc	Email ou Couleur
3750	96	Verre frise personnages	165	200
3751	96	— à pied, 4 grenouilles		200
3753	97	— — bague chiens		150
3754	96	— — — lézards		200
3755	97	— — chasse chiens n° 1		150
3756	97	— — — — n° 2		130
3757	96	— vrilles de vigne	40	
3758	96	— liseron	45	
3764	98	— bantam	10	
3765	98	— padoue	10	
3766	98	— faverolles	10	
3768	98	— bambou	25	
5244	98	— nippon (77 mm.)	9	

Plateaux (Trays)

Numéro	Planche		Blanc	Émail ou Couleur
3670	95	Plateau rond, raisins	435	500
3671		— — épines	435	500
3674	98	— — bantam	125	
3675	98	— — padoue	125	
3676	98	— — faverolles	125	
3677	97	— — nippon	100	
3678	98	— — bambou	125	

Numéro	Planche		Blanc	Émail ou Couleur
3679	98	Plateau rond, coquelicot	100	
3680	99	— — Jaffa	200	200
3681	99	— — Blidah	200	200
3682	99	— — Hespérides	200	200
3683	99	— — Bahia	200	200
3684	99	— — Sétubal	200	200

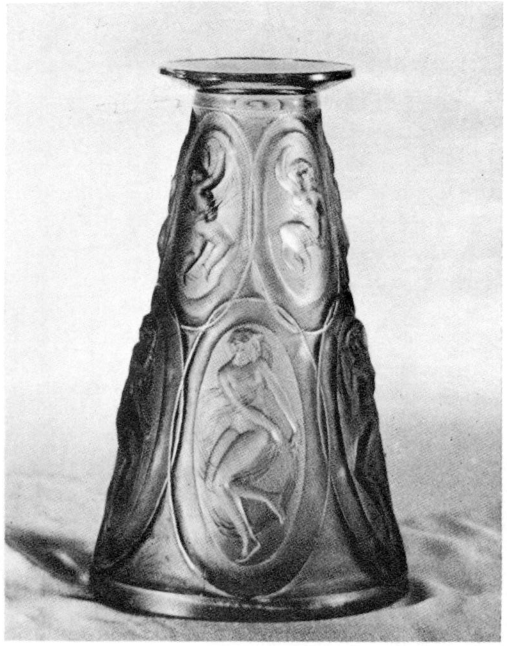

891 CAMÉES 255 mm.

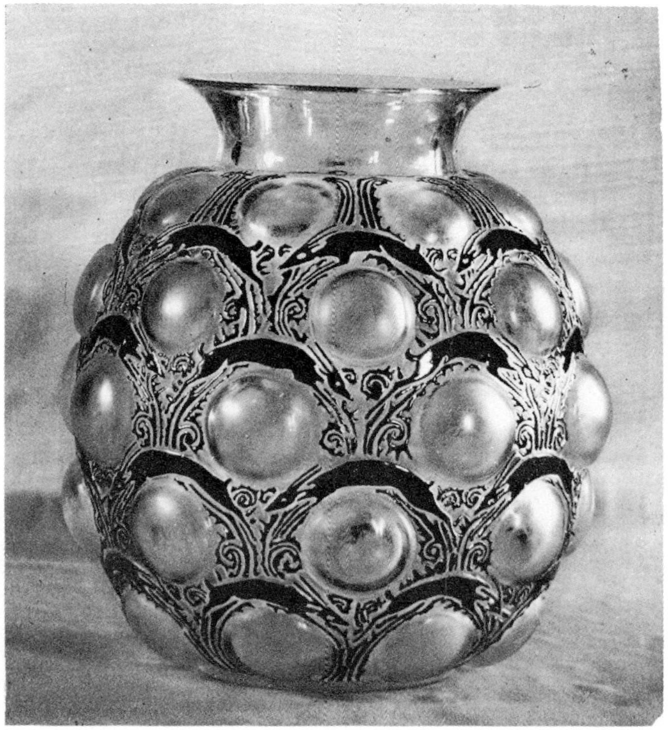

875 ANTILOPES 280 mm.

890 LUTTEURS 137 mm

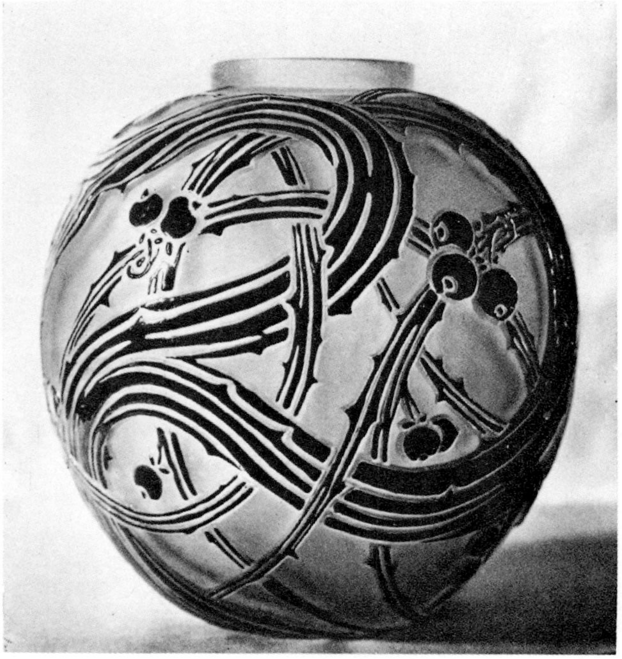

894 BAIES 265 mm.

900 COURGES 200 mm.

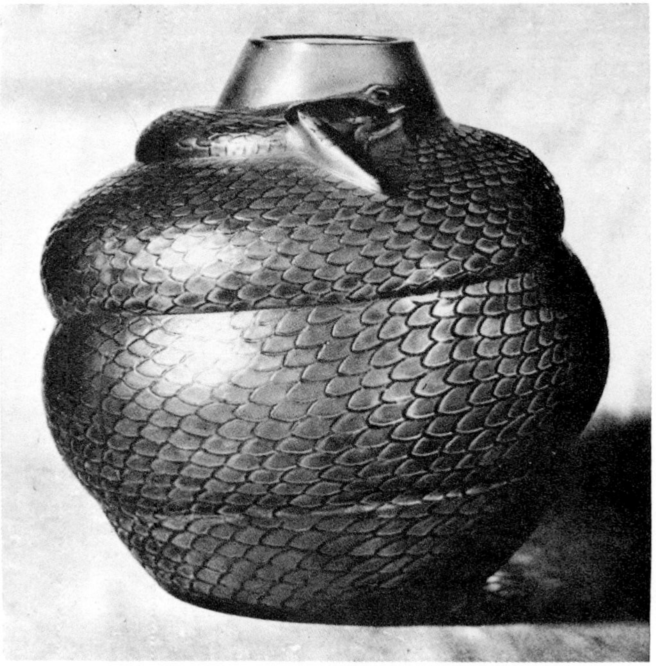

896 SERPENT 260 mm.

R. LALIQUE

VASES

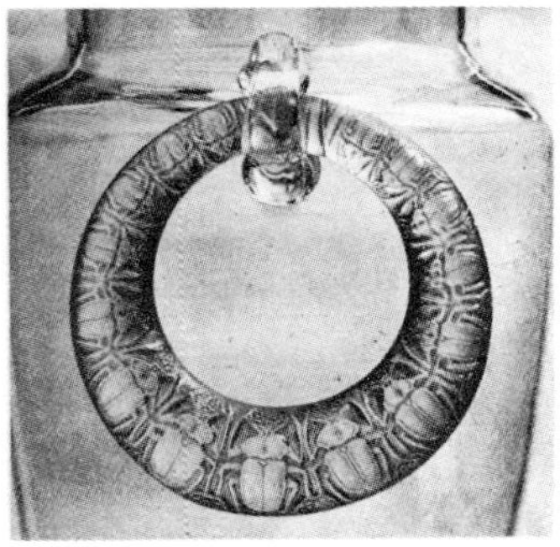

882 ANNEAU SCARABÉES

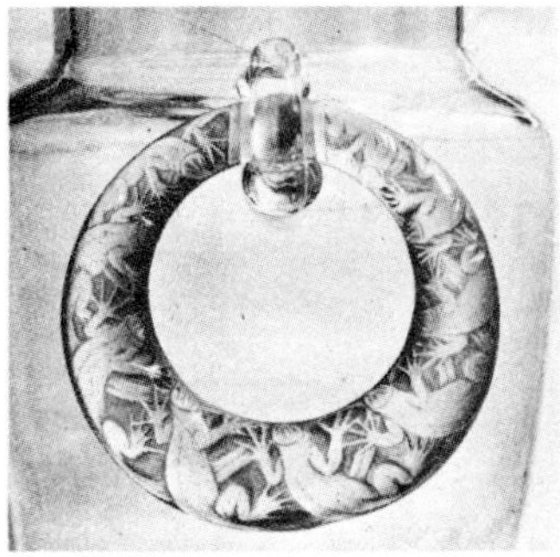

881 ANNEAU LÉZARDS

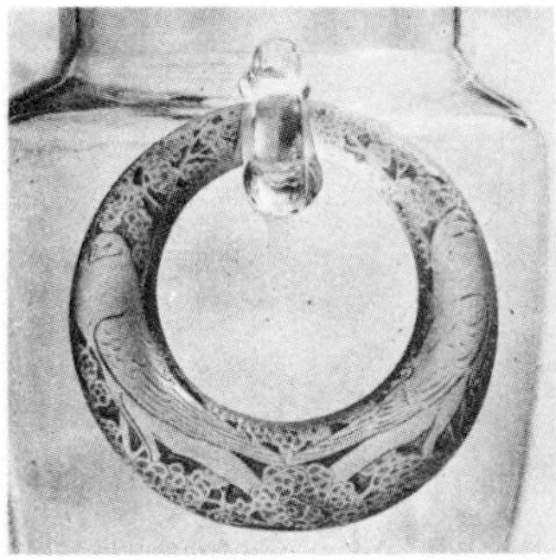

880 ANNEAU PIGEONS

907 BORDURE BLEUETS 170 mm.

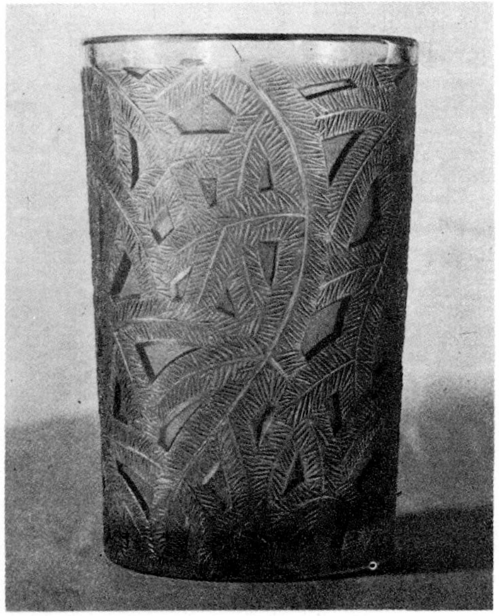

921 ÉPICEA 240 mm.

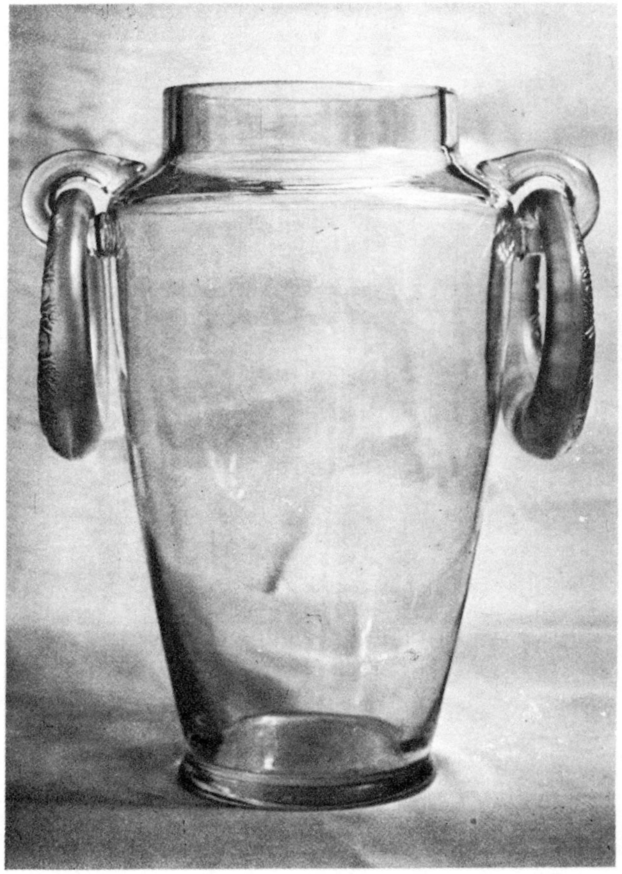

880 VASE 2 ANNEAUX 340 mm.

903 GOBELET 6 FIGURINES 200 mm.

905 CEYLAN 250 mm.

943 DENTELÉ 190 mm.

877 GRANDE BOULE LIERRE 350 mm.

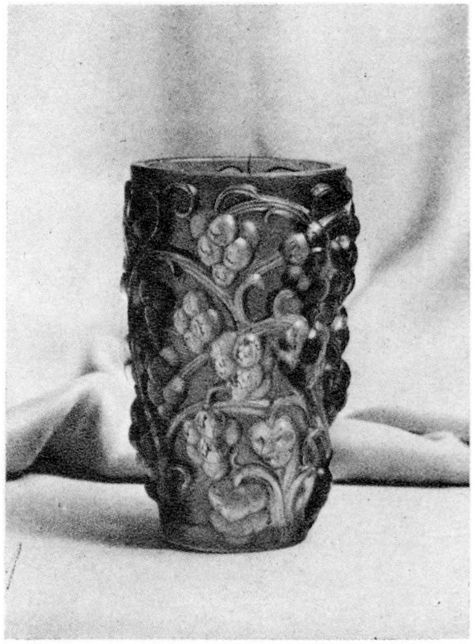

1032 RAISINS 155 mm.

R. LALIQUE

VASES

1010 CAMARET 140 mm.

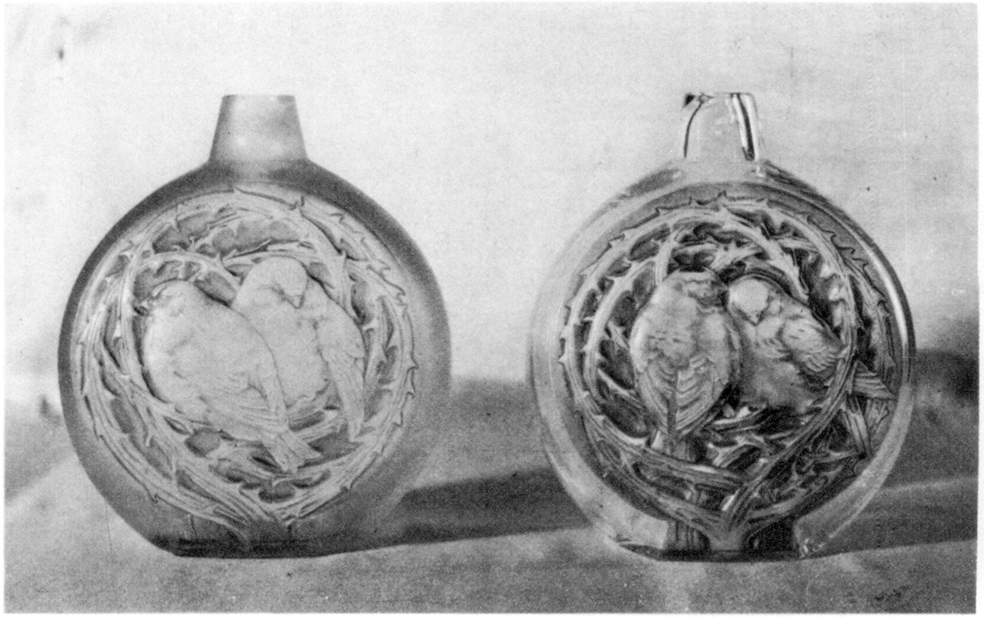

911 2 MOINEAUX DORMANT 210 mm. 912 2 MOINEAUX BAVARDANT 210 mm.

956 TOURNAI 130 mm.

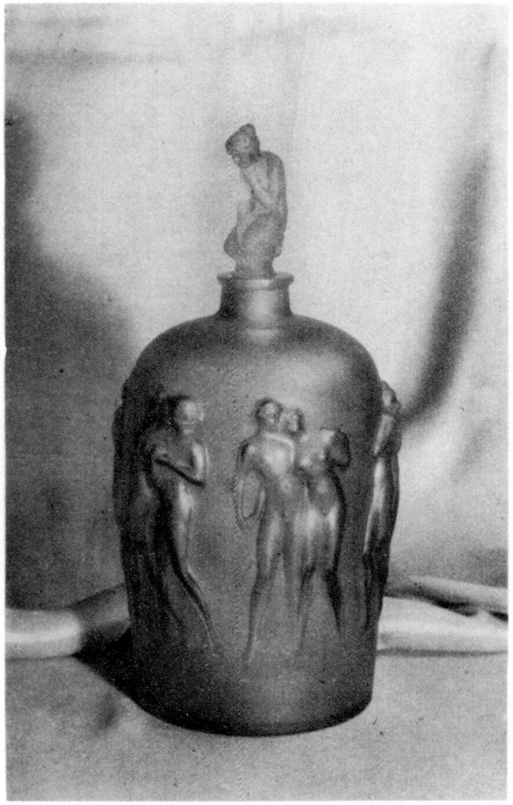

914 12 FIGURINES AVEC BOUCHON 295 mm.

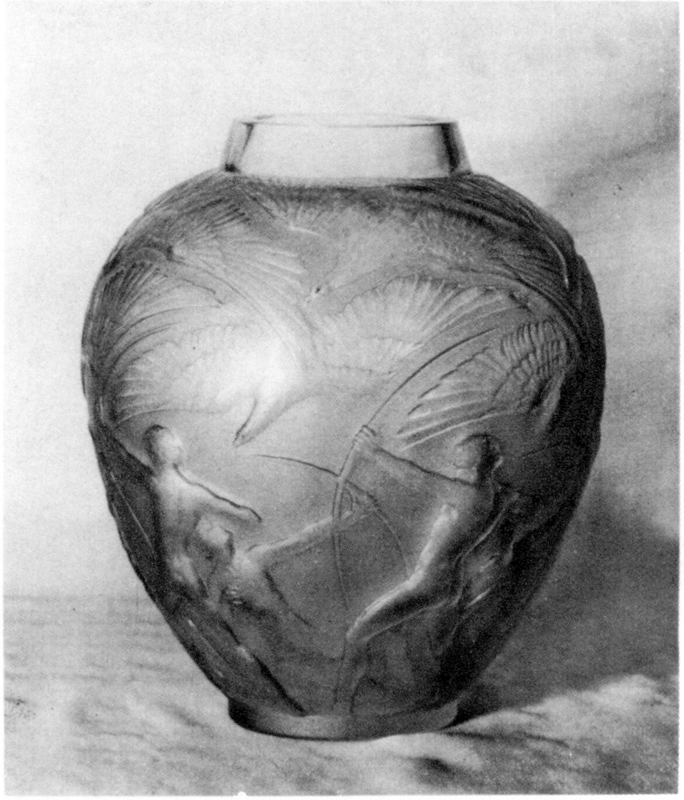

893 ARCHERS 260 mm.

924 CARIATIDES COUVERT 210 mm.

908 BORDURES ÉPINES 200 mm.

833 MÉPLAT SIRÈNES 370 mm.

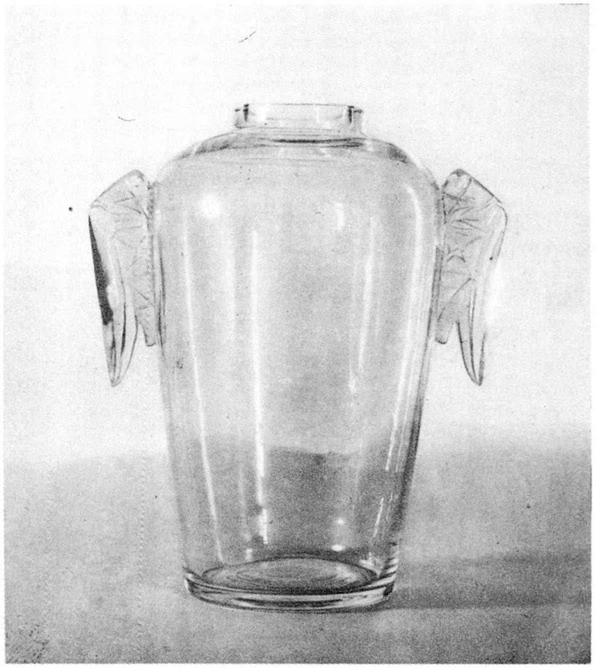

915 CRISTAL 2 SAUTERELLES 240 mm.

886 6 FIGURINES ET MASQUES 250 mm.

904 BÊLIERS 200 mm.

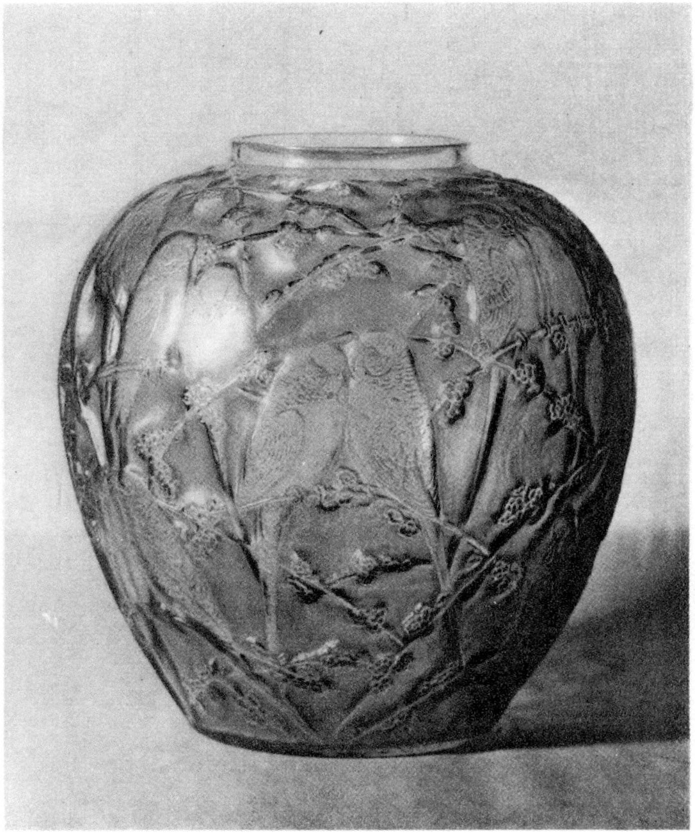

876 PERRUCHES 260 mm.

902 ACANTHES 290 mm.

936 EUCALYPTUS 170 mm.

909 BLEUETS 180 mm.

950 MÉDUSE 175 mm.

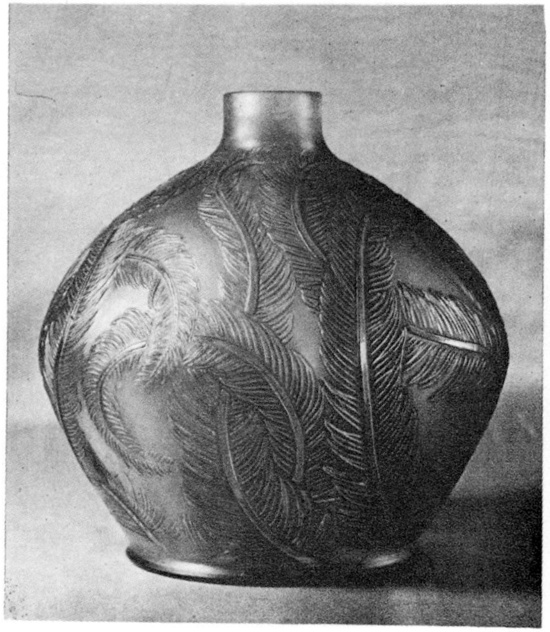
944 PLUMES 210 mm.

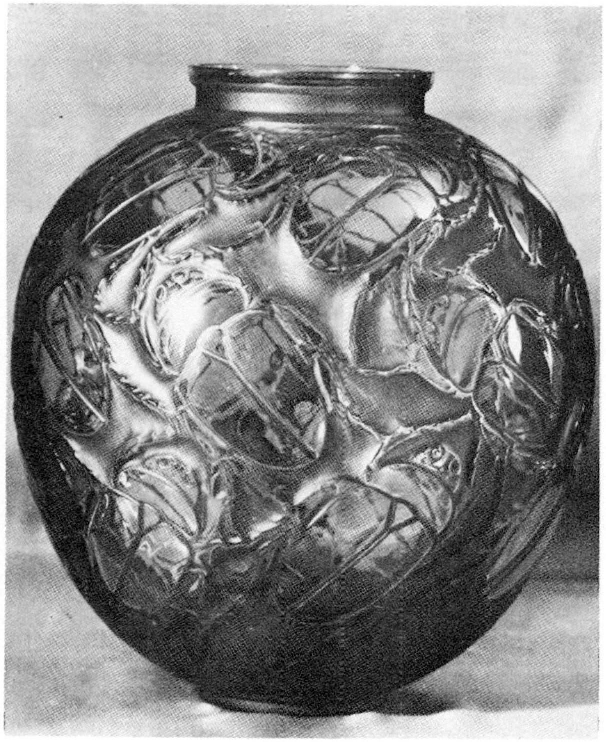
892 GROS SCARABÉES 300 mm.

931 ESCARGOT 220 mm.

934 FORMOSE 180 mm.

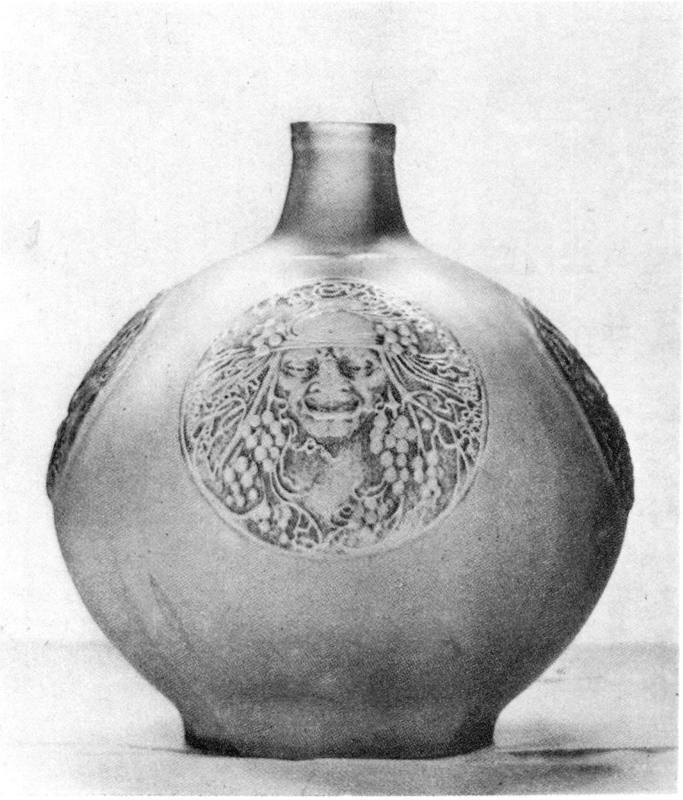

878 4 MASQUES 320 mm.

935 SAUGE 260 mm.

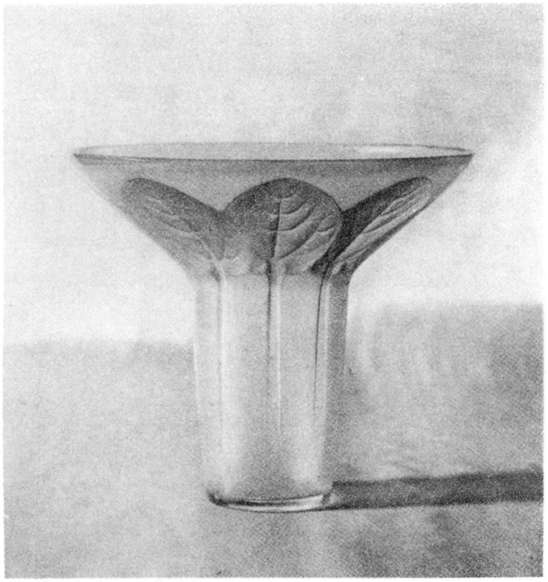

930 VIOLETTES 160 mm.

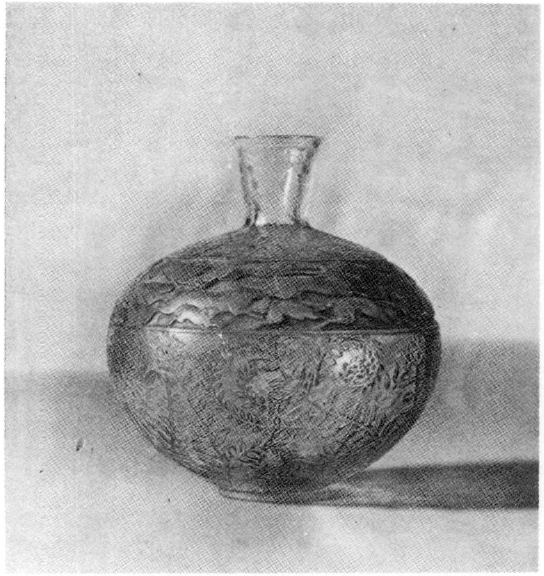

942 LIÈVRES 150 mm.

949 ACACIA 200 mm.

940 NÉFLIERS 150 mm.

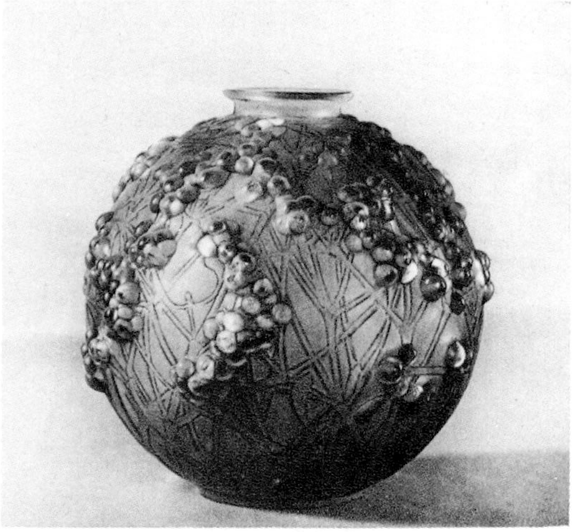

937 DRUIDES 190 mm.

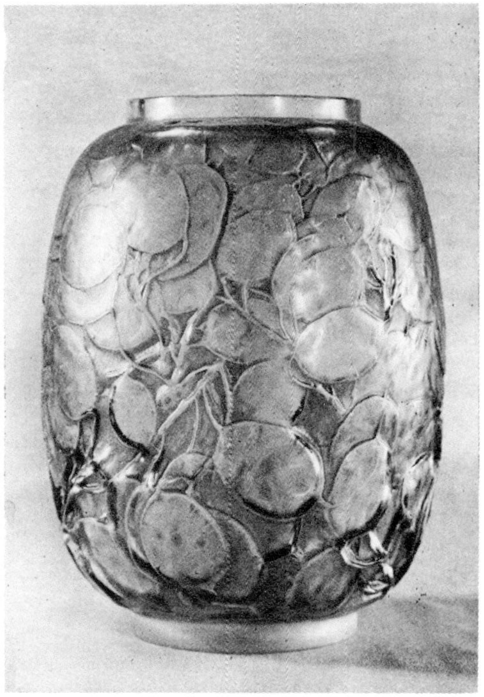

897 MONNAIE DU PAPE 230 mm.

932 COQUILLES 190 mm.

941 ESTÉREL 150 mm.

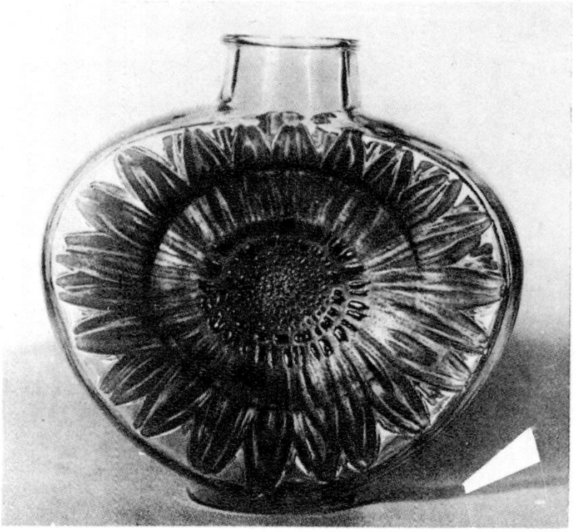

926 SOLEIL 200 mm.

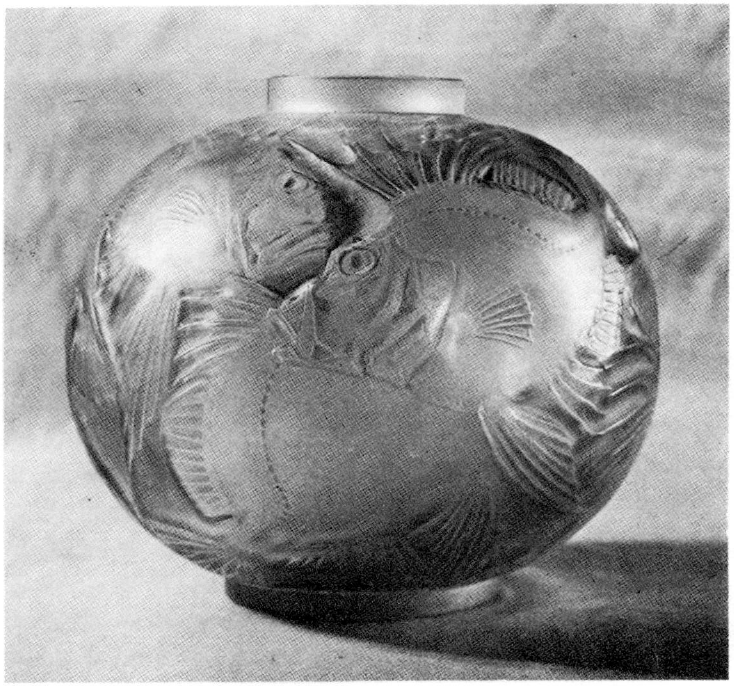

925 POISSONS 245 mm.

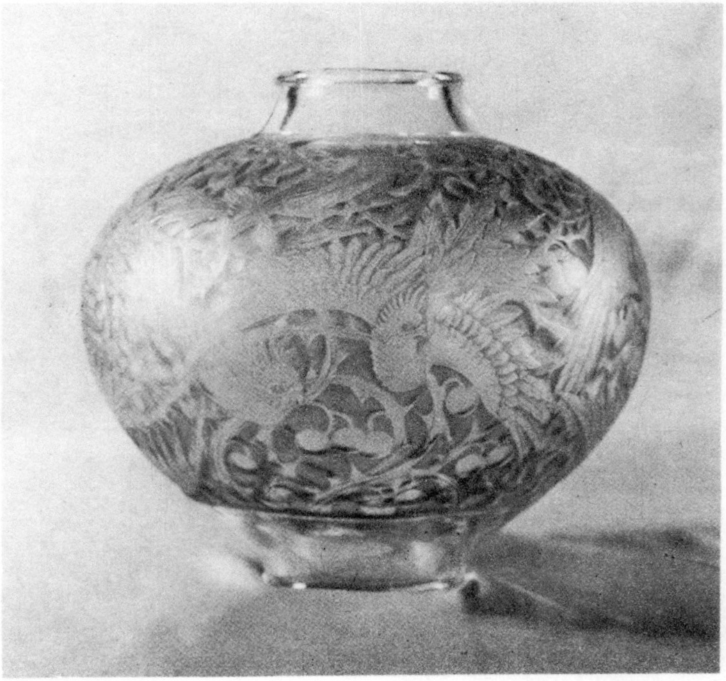

919 ARAS 240 mm

1003 PÉRIGORD 152 mm.

959 PERLES 120 mm.

957 MALINES 120 mm.

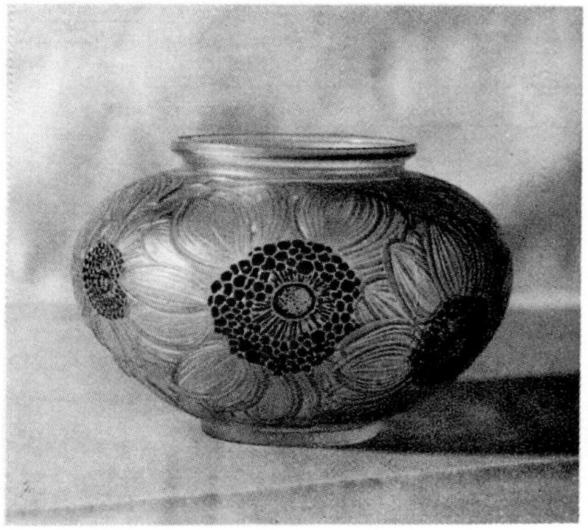

938 DAHLIAS 140 mm.

1003 OLÉRON 90 mm.

955 TÉHÉRAN 80 mm.

945 LOTUS 200 mm.

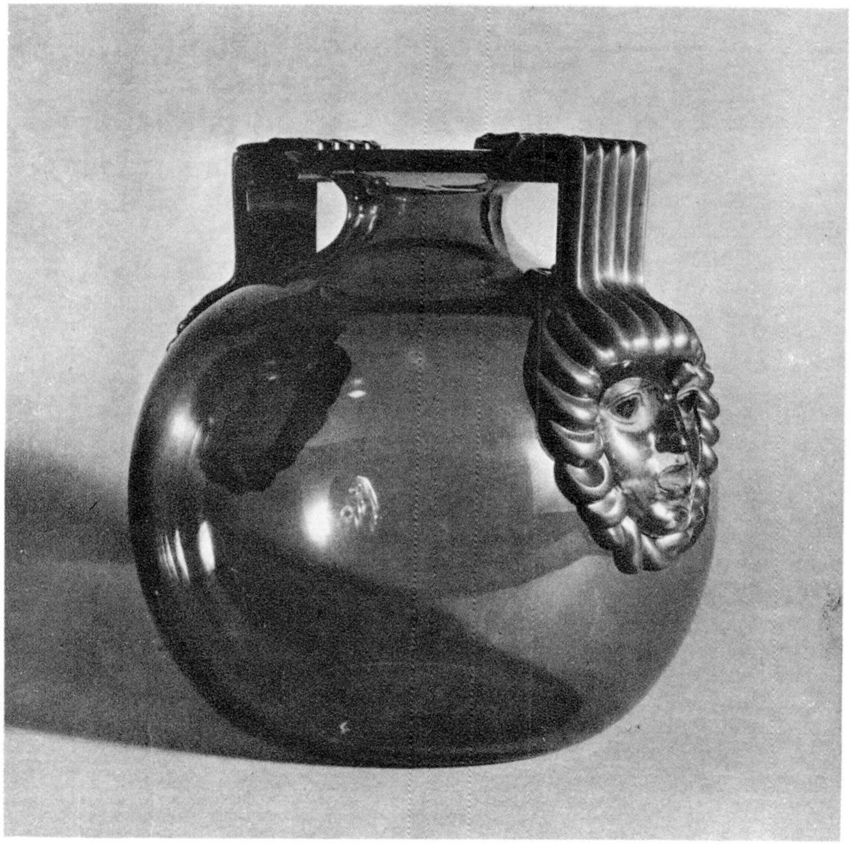

961 CLUNY 250 mm.

953 MIMOSA 170 mm.

R. LALIQUE — VASES

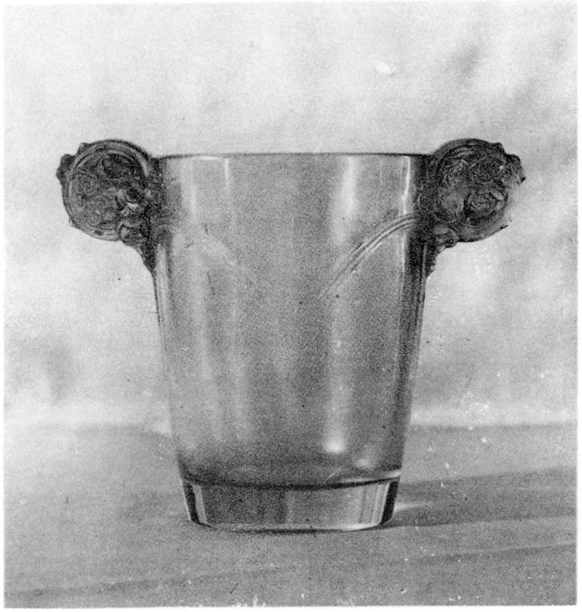

974 CHAMARANDE 195 mm.

948 GUI 170 mm.

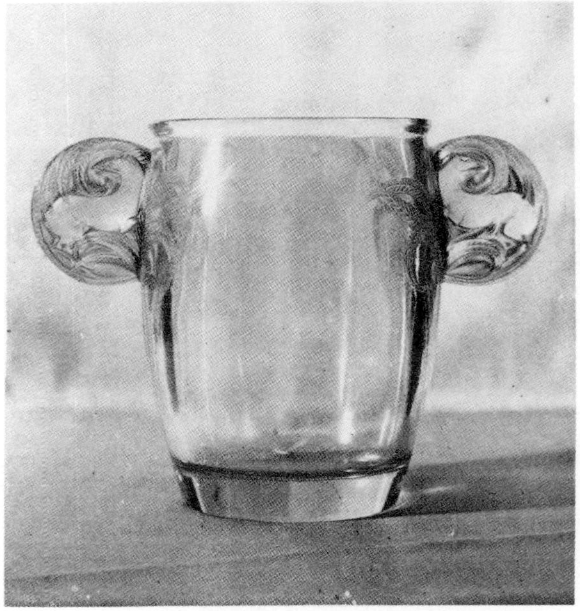

975 YVELINES 195 mm.

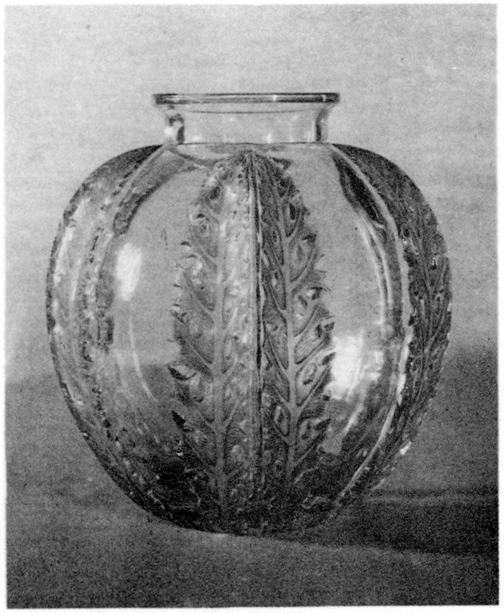

929 CHARDONS 200 mm.

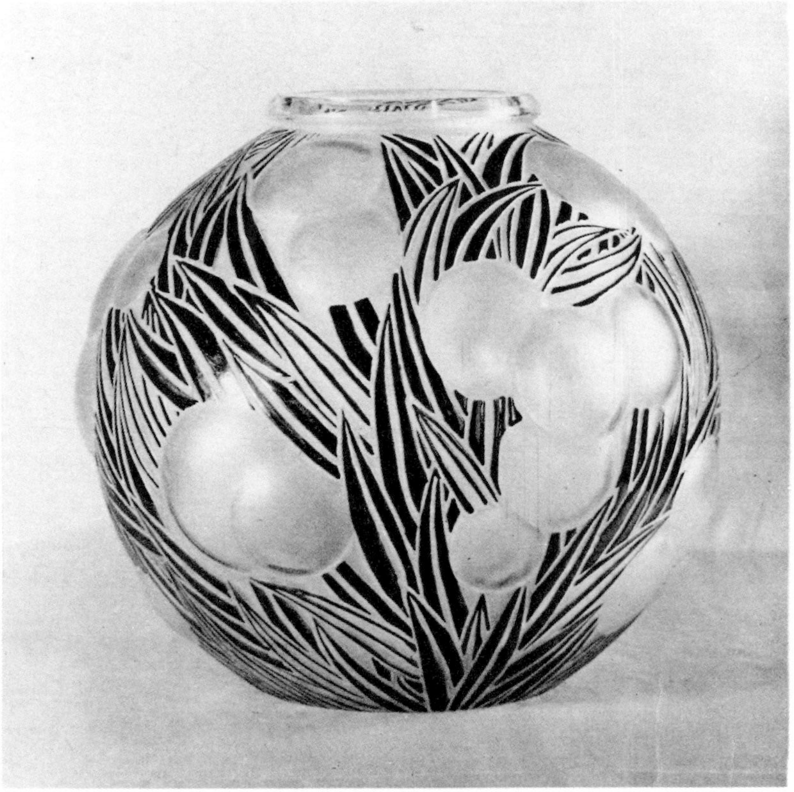

964 ORANGES (émaillé) 290 mm.

960 BEAULIEU 155 mm.

968 KOUDOUR 180 mm

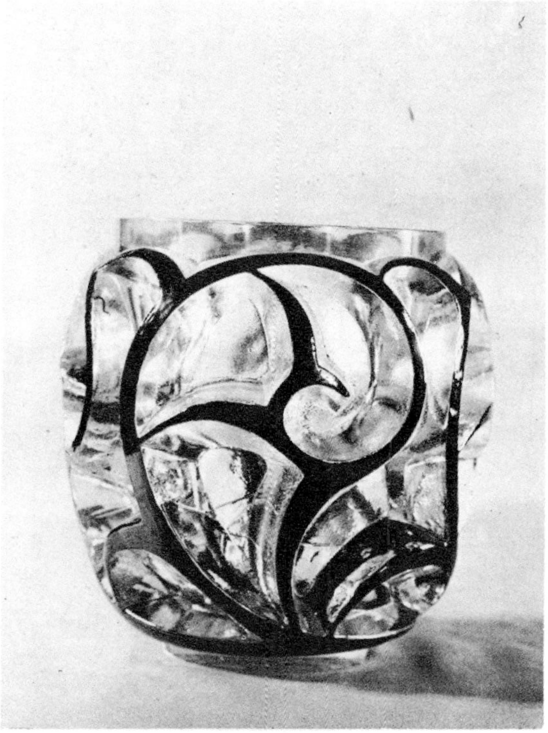
973 TOURBILLONS 200 mm.

969 MORGAN 160 mm.

970 NIMROUD 196 mm.

967 LAGAMAR 185 mm.

R. LALIQUE

VASES

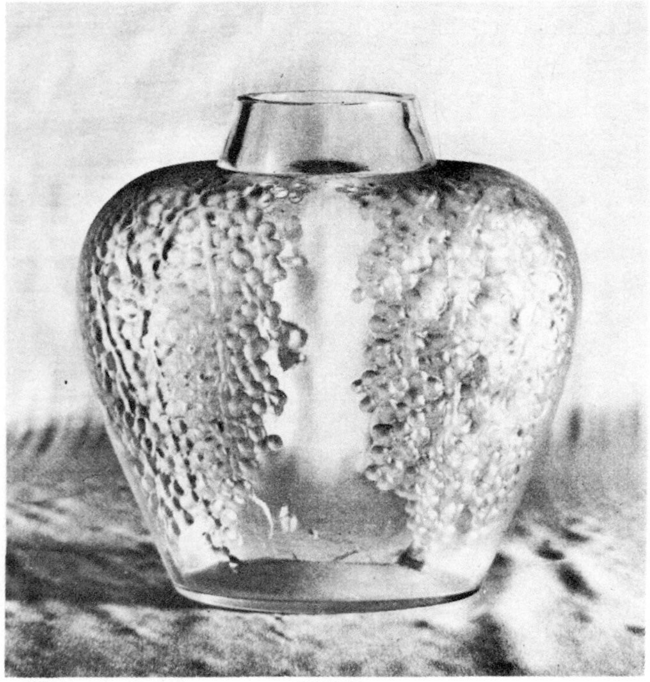

901 POIVRE 250 mm.

951 GUIRLANDE DE ROSES 140 mm.

988 AIGRETTES 257 mm.

952 PALMES 120 mm.

962 SENLIS 260 mm.

1007 TOURNESOL 120 mm.

1033 COQS ET PLUMES 155 mm.

978 CHARMILLE 355 mm.

1034 COQS ET RAISINS 155 mm.

1044 RENONCULES 155 mm.

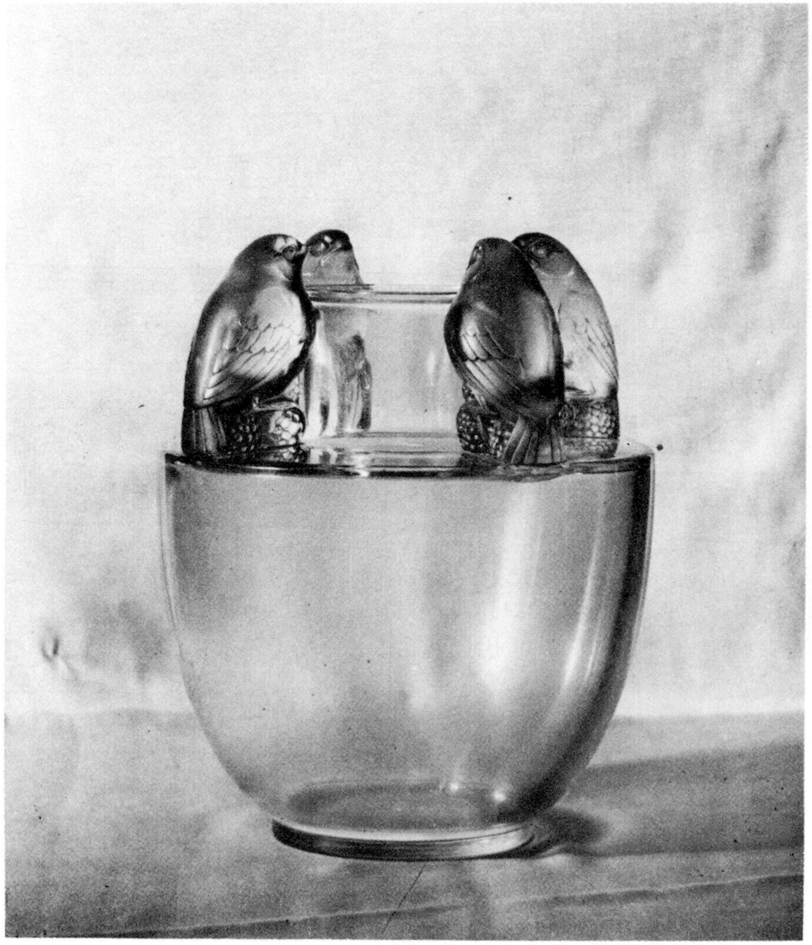

933 BELLECOUR 283 mm.

1045 GRENADE 120 mm.

980 PALISSY 165 mm.

966 TORTUES 270 mm.

982 RONSARD 208 mm.

995 TULIPES 205 mm.

972 DANAIDES 185 mm.

R. LALIQUE

VASES

994 HONFLEUR 140 mm.

990 PIERREFONDS 155 mm.

986 AVALLON 145 mm.

991 RAMPILLON 127 mm.

906 FONTAINE 155 mm.

977 SOPHORA 260 mm.

989 BEAUTREILLIS 145 mm.

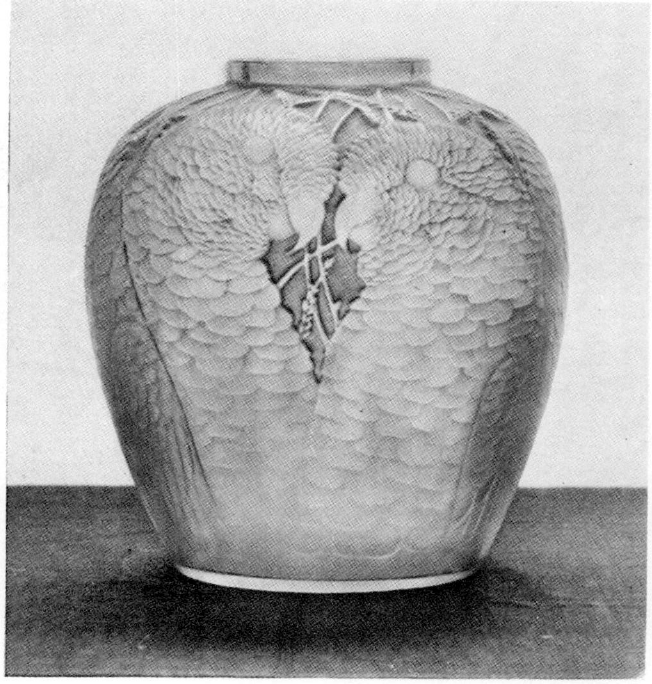

998 ALICANTE 260 mm.

976 ORNIS 190 mm.

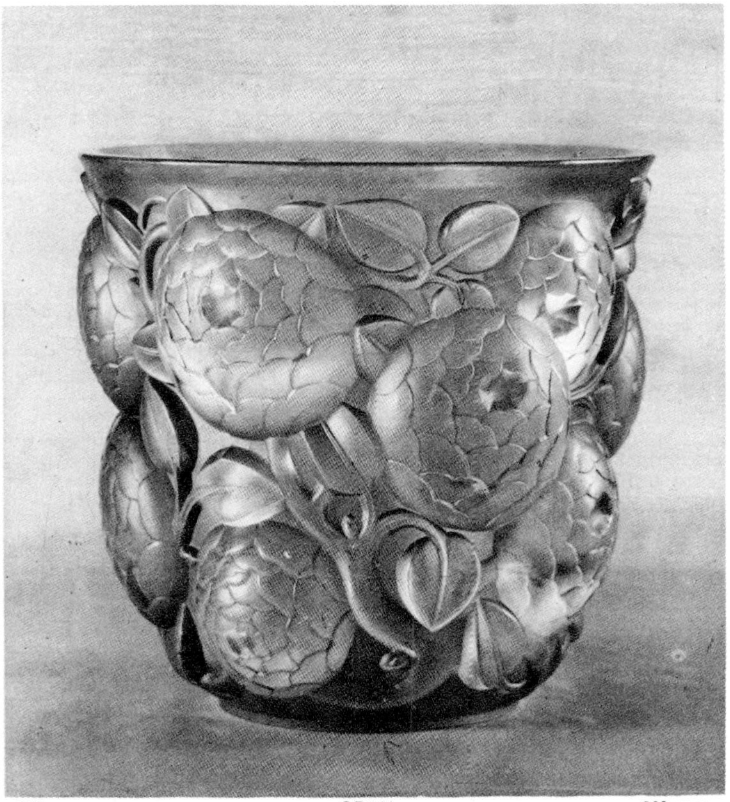

999 ORAN 260 mm.

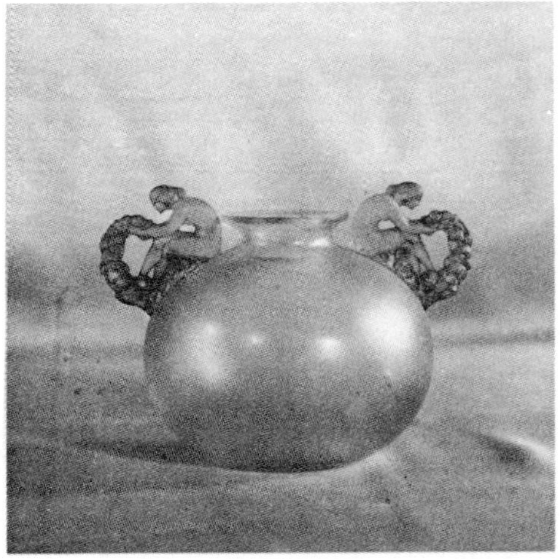

981 BOUCHARDON 128 mm.

992 MOISSAC 130 mm.

987 GRIMPEREAUX 208 mm.

R. LALIQUE

VASES

1005 NIVERNAIS 150 mm.

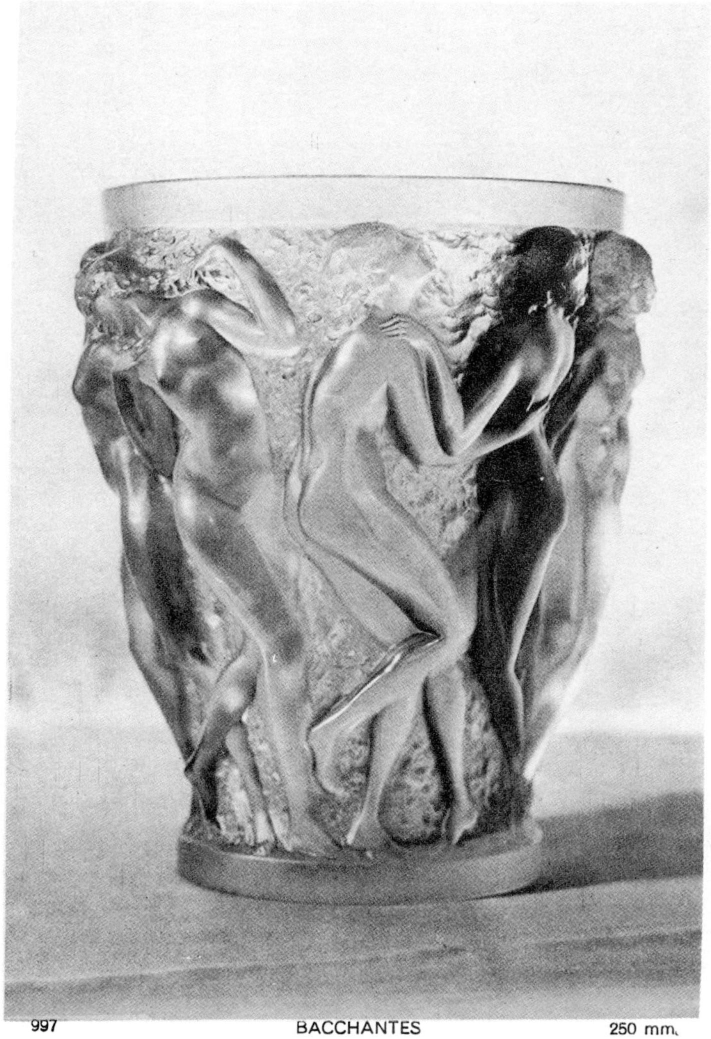

997 BACCHANTES 250 mm.

1019 FERRIÈRES 170 mm.

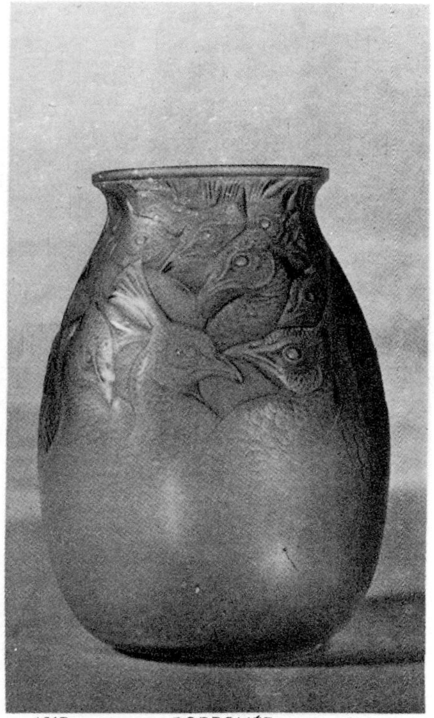

1017 BORROMÉE 230 mm.

963 TOURTERELLES 280 mm.

1026 DELFT 210 mm.

1027 ROTTERDAM 200 mm.

1028 BRÉDA 200 mm.

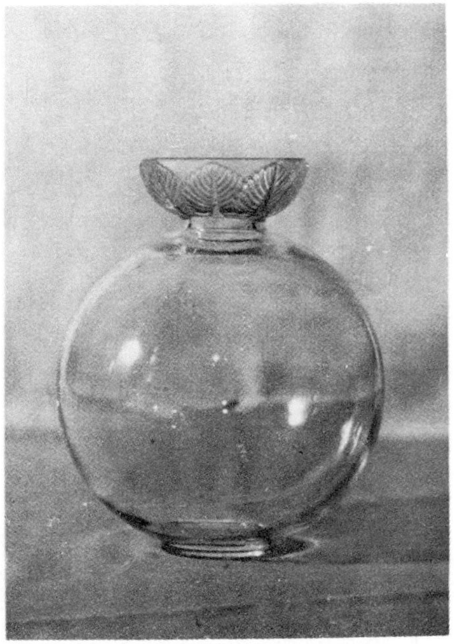

1029 UTRECHT 190 mm.

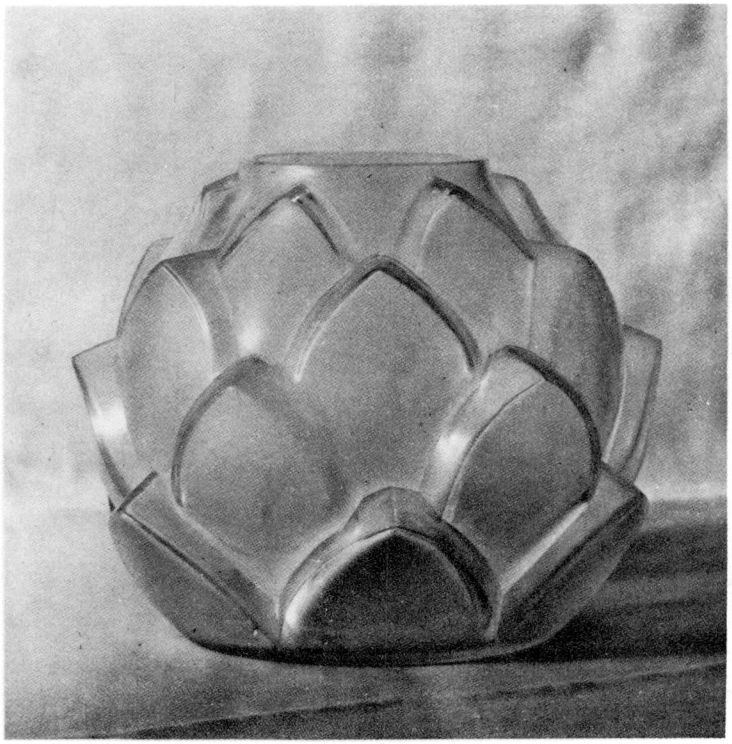

1000 ARMORIQUE 220 mm.

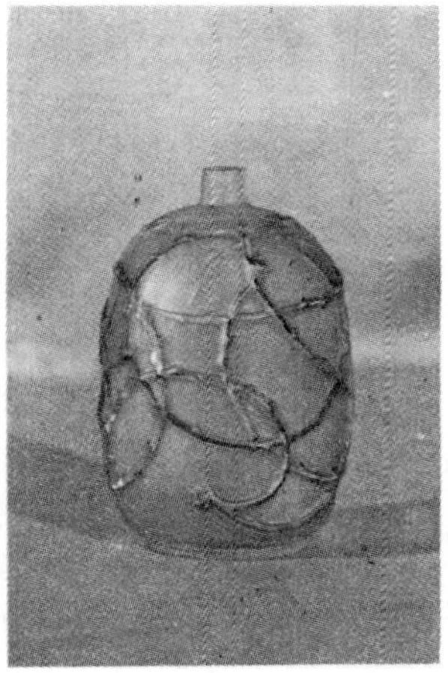

954 ÉGLANTINES 120 mm.

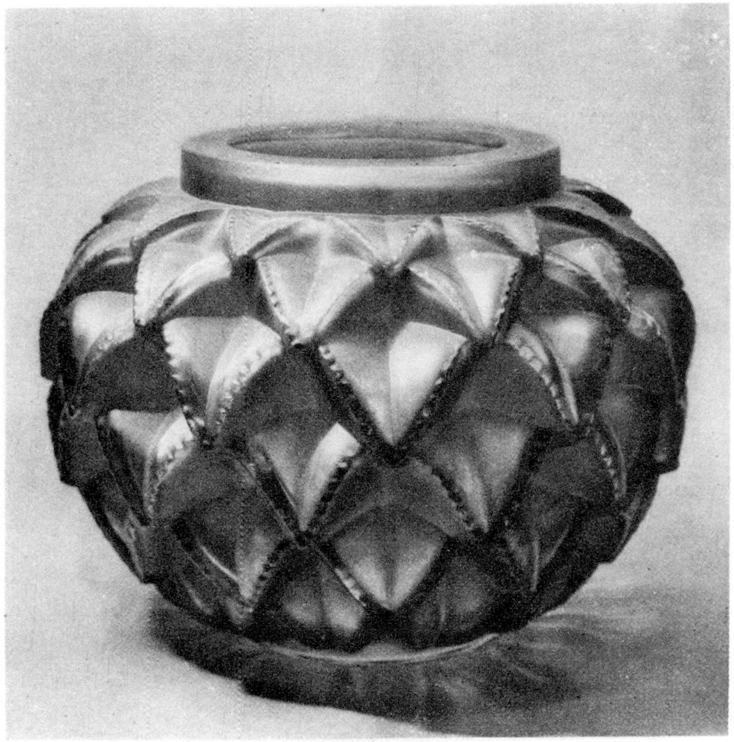

1021 LANGUEDOC 225 mm.

1024 PÉTRARQUE 224 mm.

1030 MARGARET 230 mm.

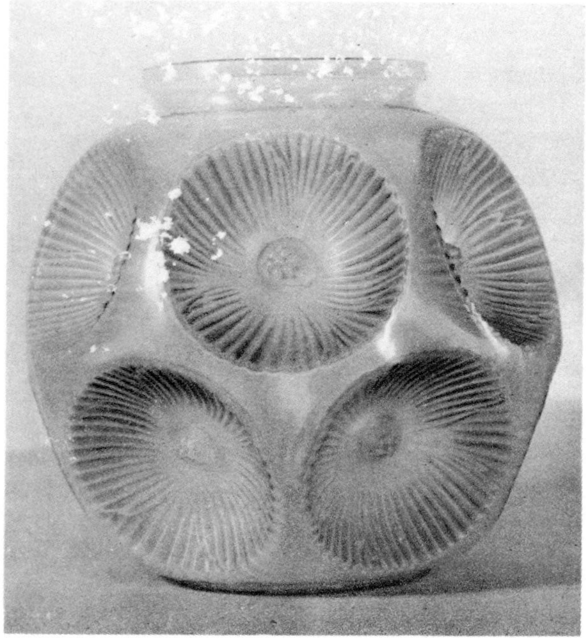

1006 PICARDIE 240 mm.

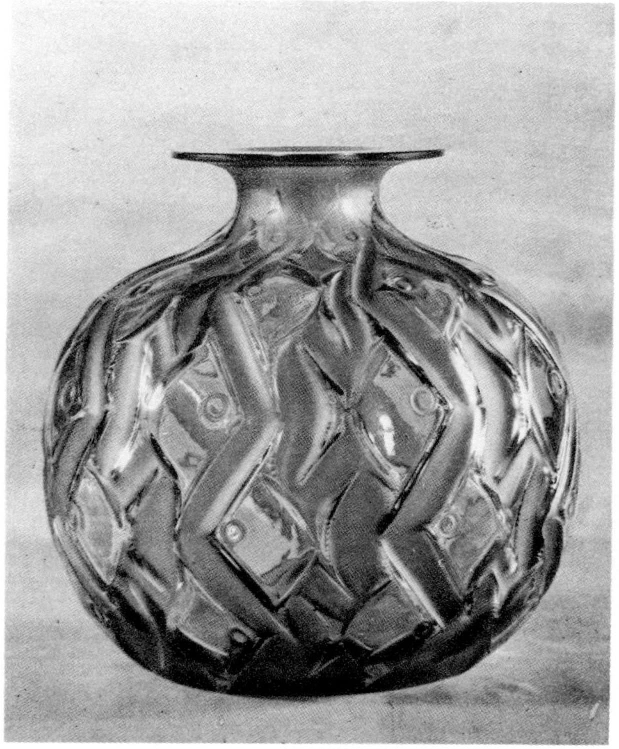

1011 PENTHIÈVRE 260 mm.

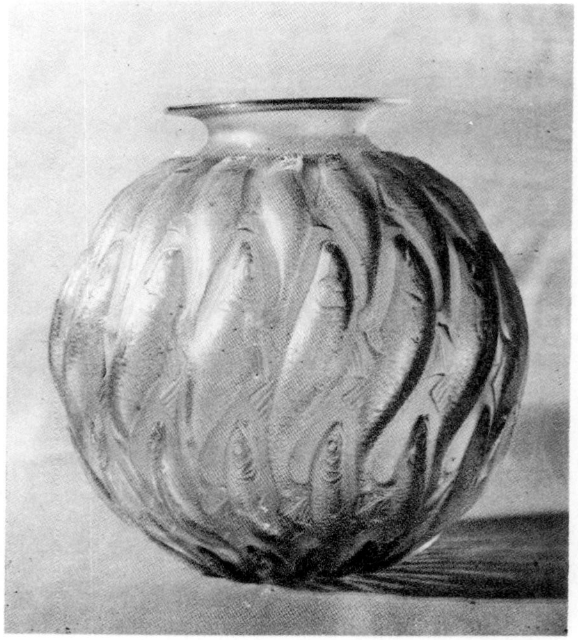

1002 MARISA 240 mm.

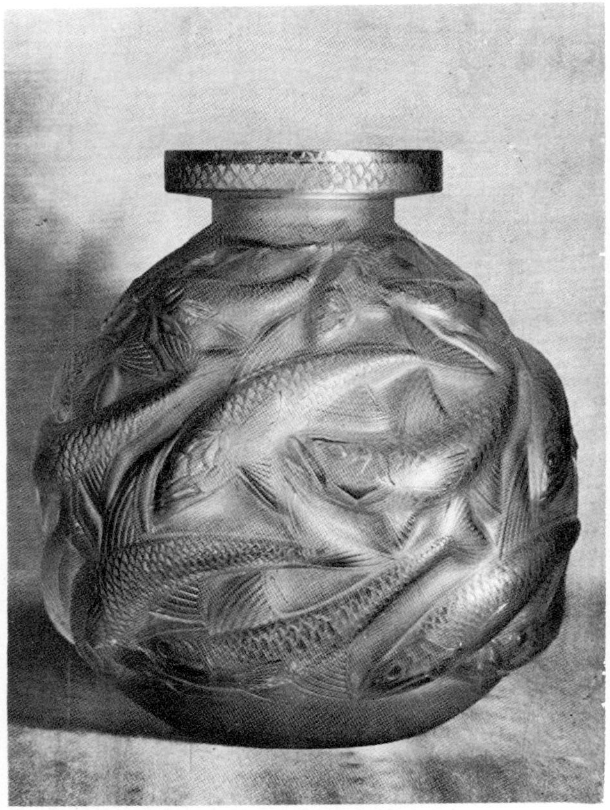

1015 SALMONIDES 290 mm.

1004 CHAMPAGNE 155 mm.

1025 MILAN 286 mm.

1022 MONTARGIS 205 mm.

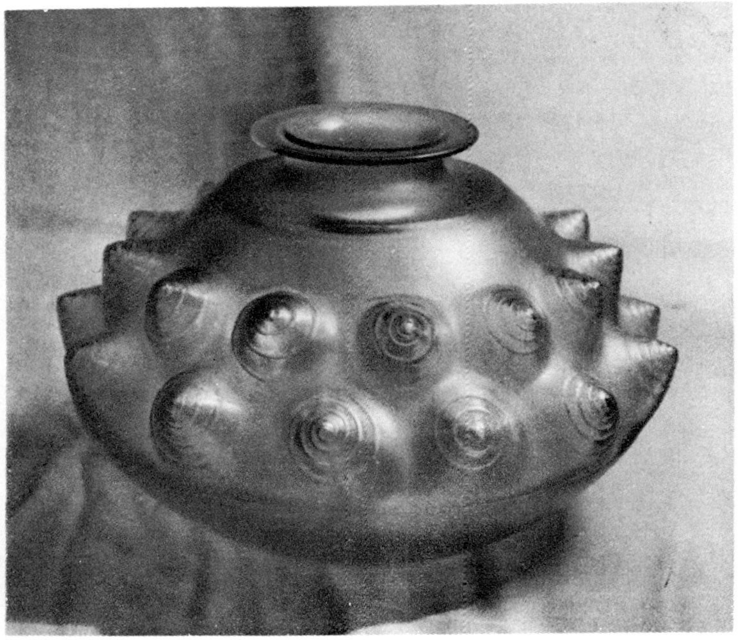

1001 DORDOGNE 180 mm.

1020 CAUDEBEC 145 mm.

1042 GRAINES 200 mm.

1051 CARTHAGE 180 mm.

1043 PIRIAC 185 mm.

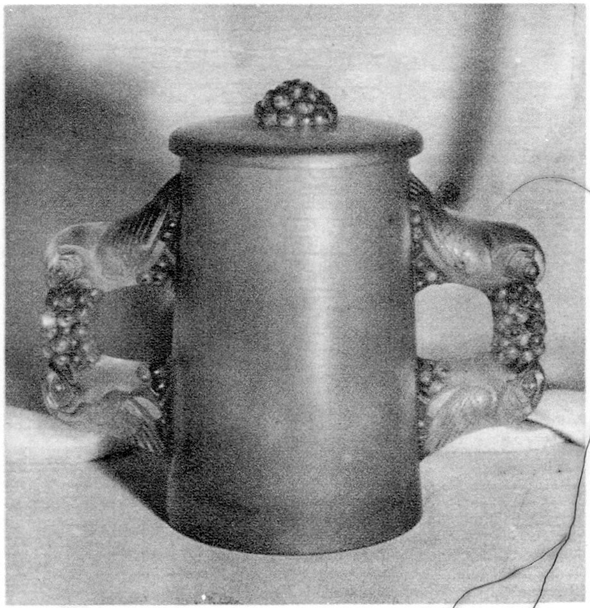

1031 SYLVIA 230 ~~105~~ mm.

1023 AMIENS 140 mm.

984 ORMEAUX 168 mm.

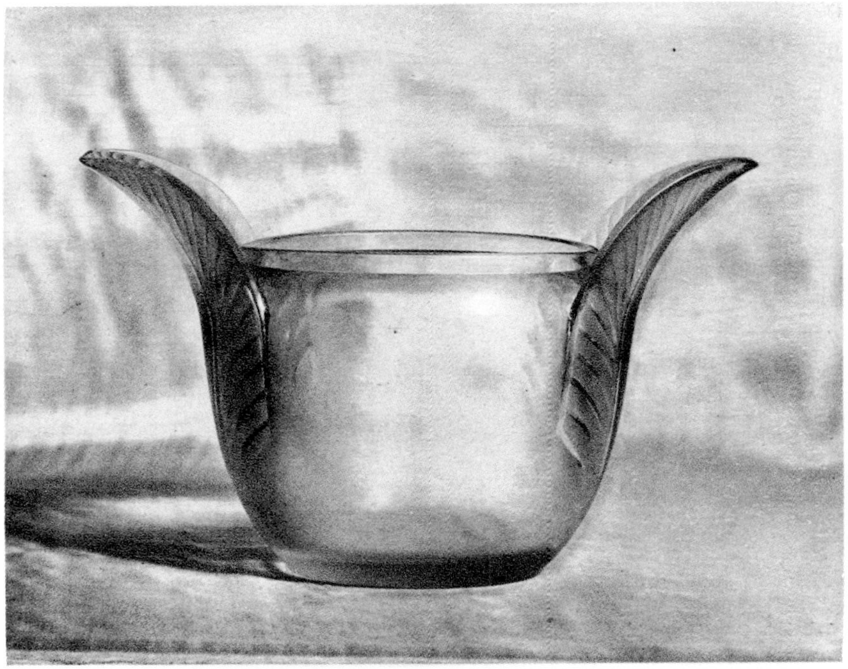

1013 TRISTAN 204 mm.

1016 SOUDAN 180 mm.

R. LALIQUE

VASES

1055 SAINT FRANÇOIS 175 mm.

1041 LIERRE 170 mm.

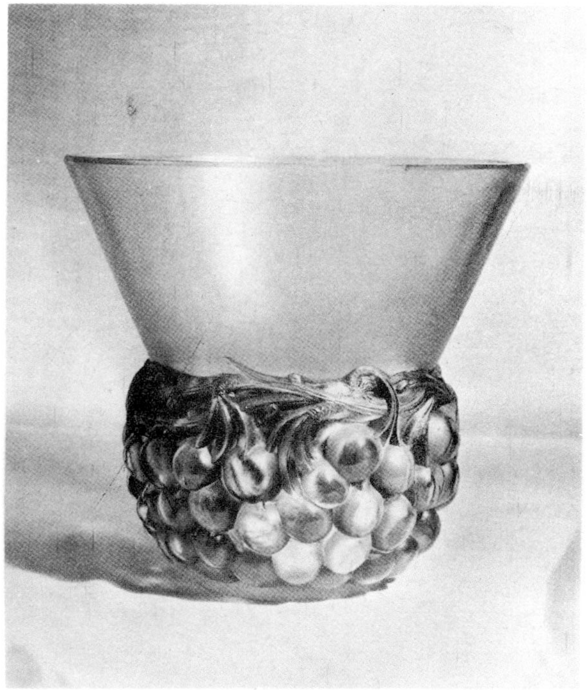

1035 CERISES 200 mm.

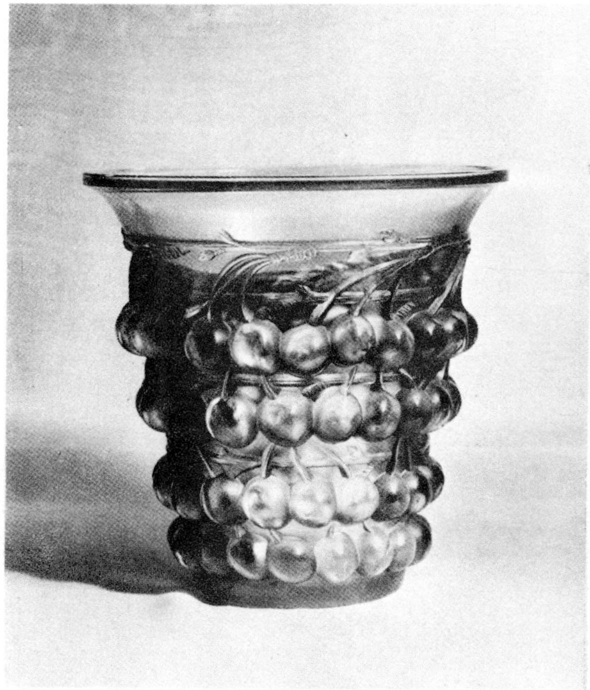

1050 MONTMORENCY 200 mm.

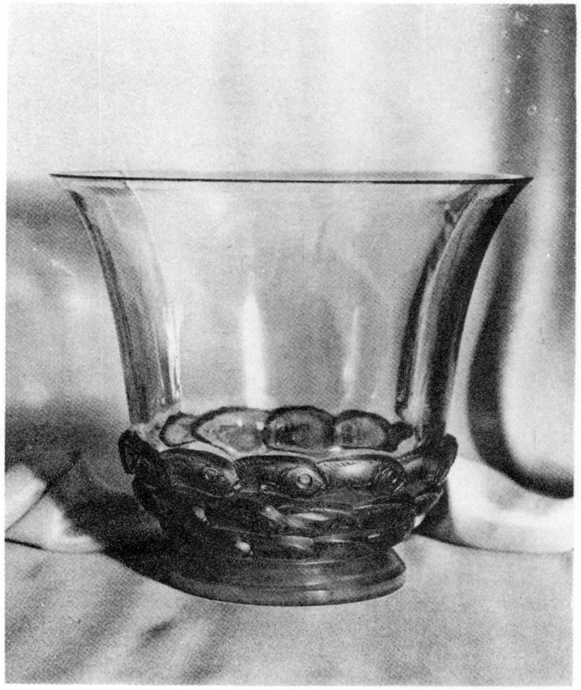

1049 MONACO 185 mm.

1036 FONTAINEBLEAU 175 mm.

958 ALBERT 170 mm.

1039 SOUCIS 180 mm.

1040 LILAS 240 mm.

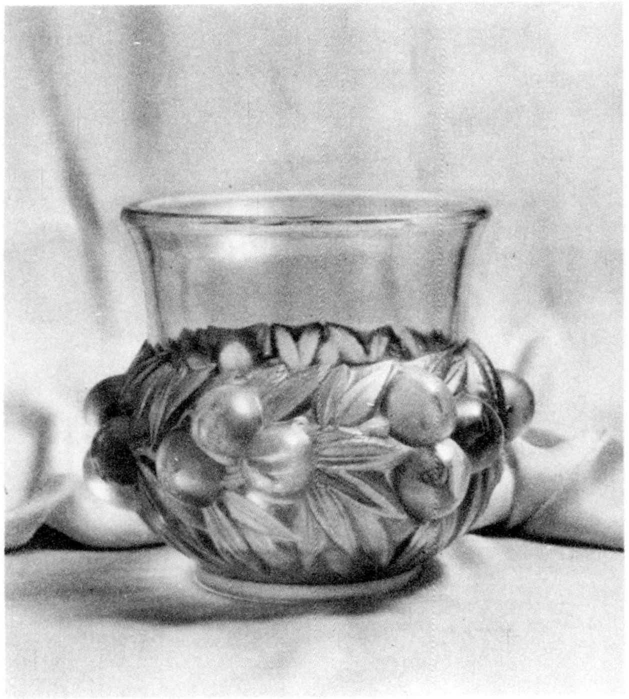

1037 PRUNES 185 mm.

920 MARTINS PÊCHEURS 250 mm.

R. LALIQUE

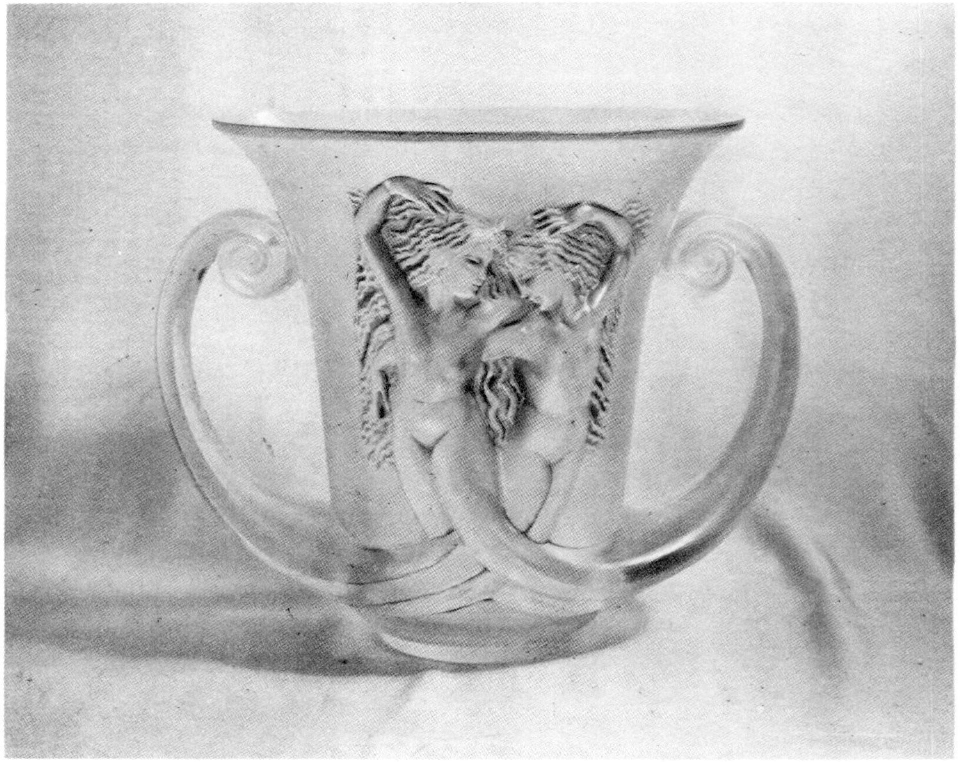

1054 NADICA 270 mm.

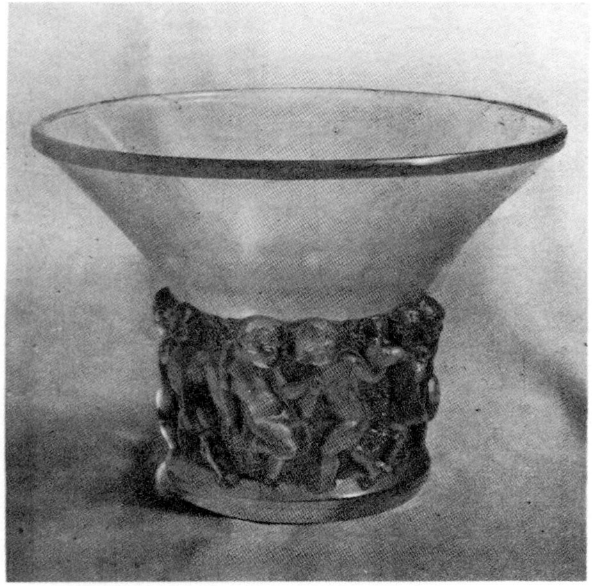

1052 FARANDOLE 175 mm.

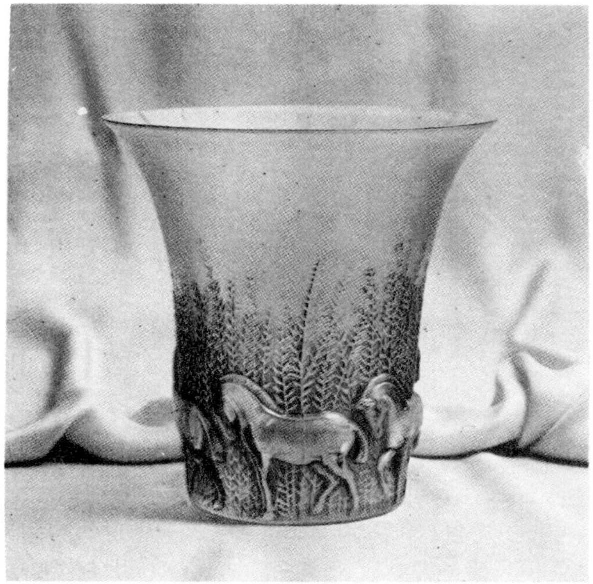

1047 CHEVAUX 188 mm.

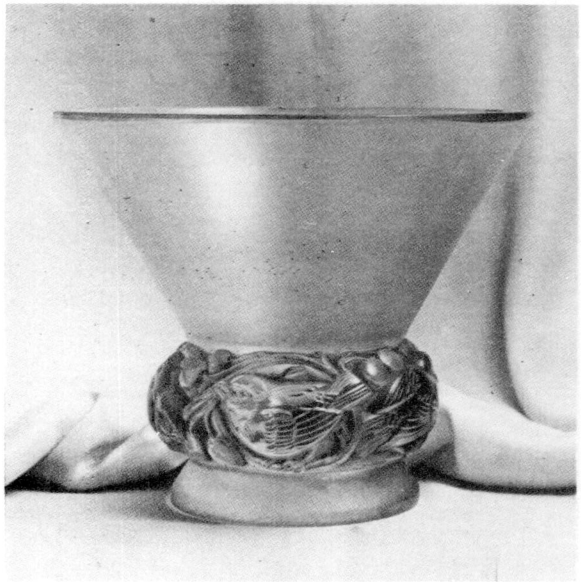

1038 PINSONS 190 mm.

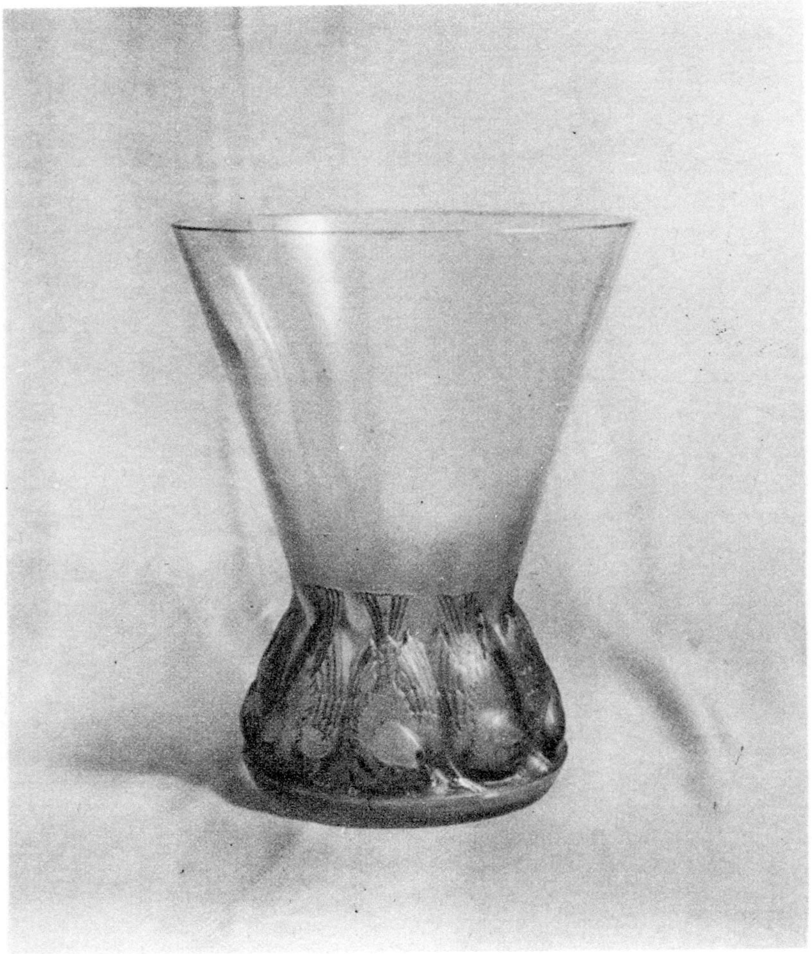

1053 TUILERIES 275 mm.

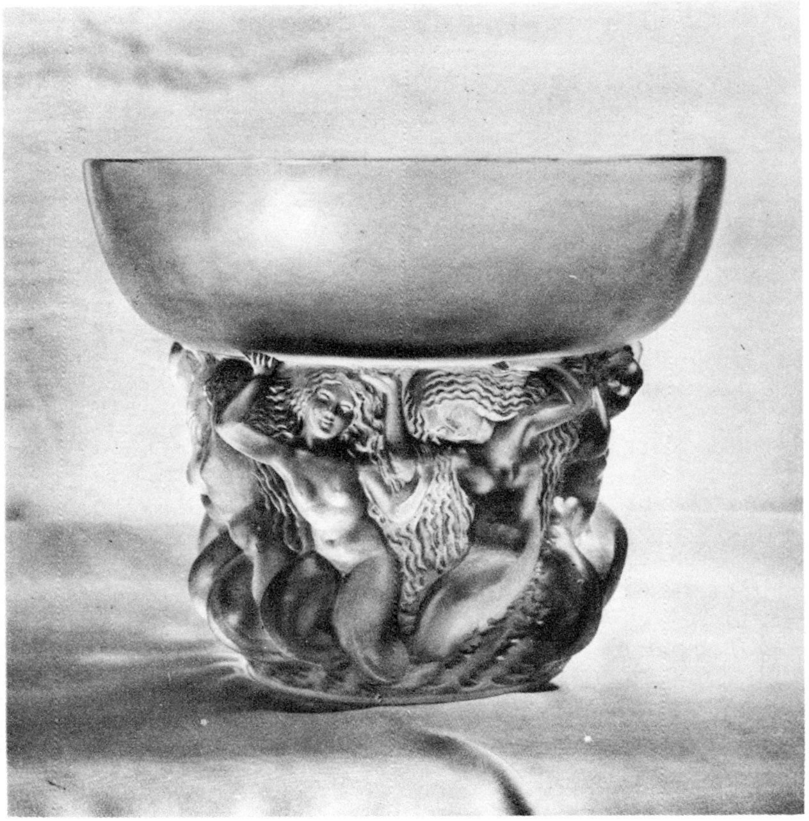

1048 NAIADES 450 mm.

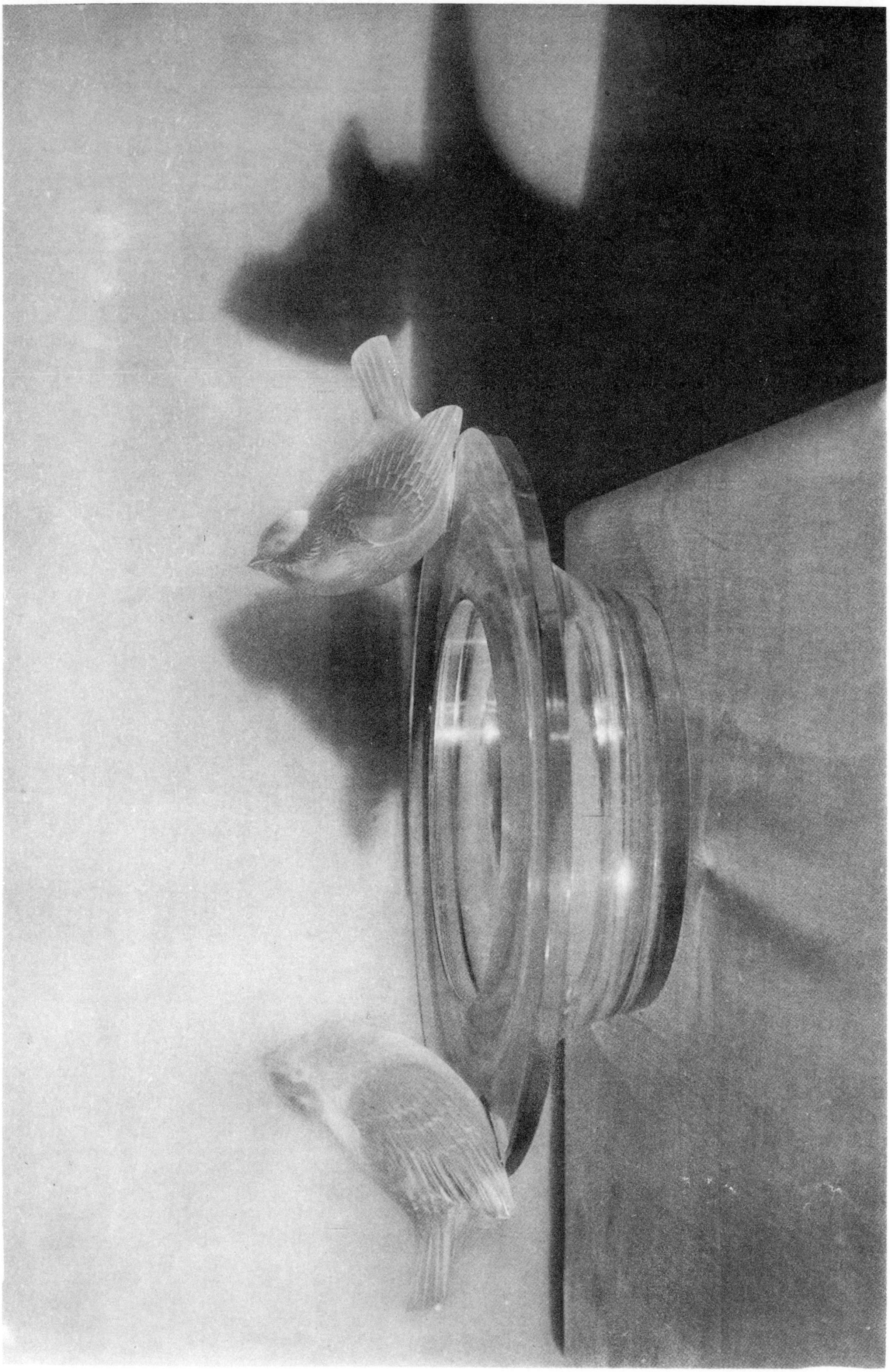

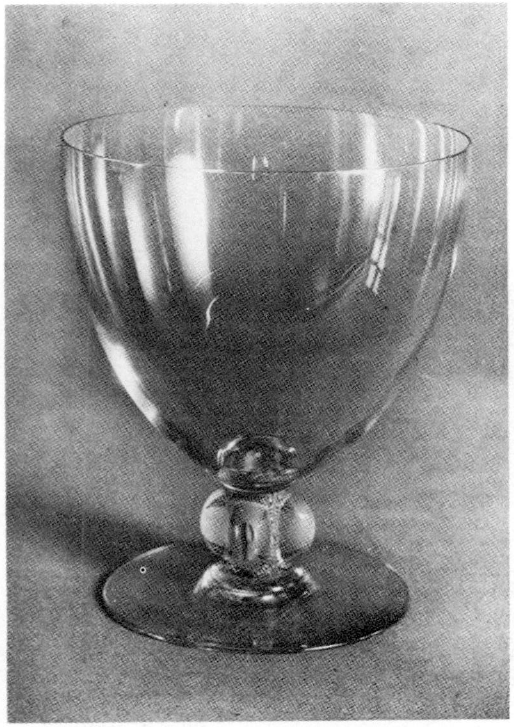

387 CLAIRVAUX 220 ~~250~~ mm.

392 CERNUSCHI 270 mm.

388 SAINT-DENIS 170 [redacted] mm.

403 MADAGASCAR 300 mm.

412 CRISTAL 2 OISEAUX MOQUEURS 410 mm.

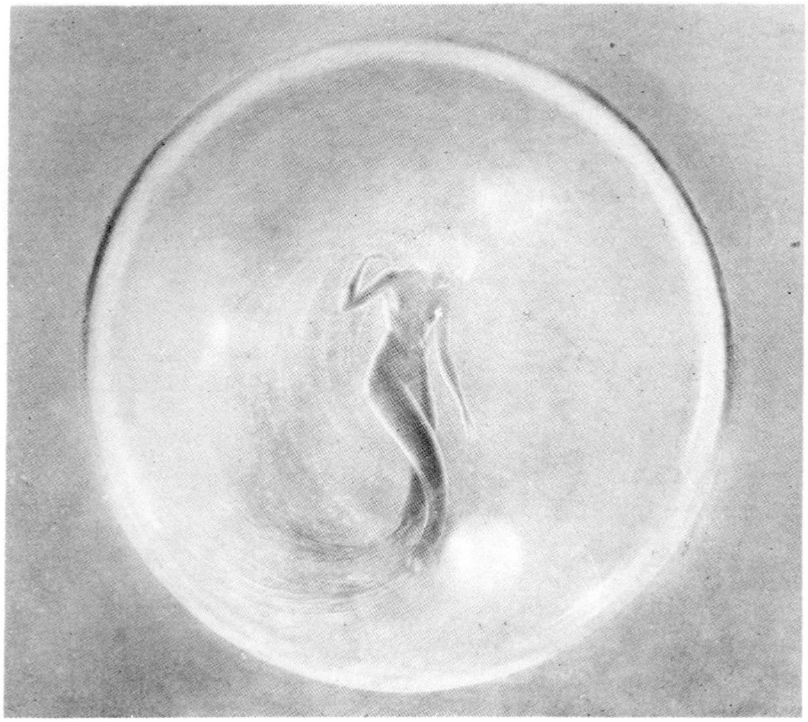

376 TRÉPIED SIRÈNE 360 mm.

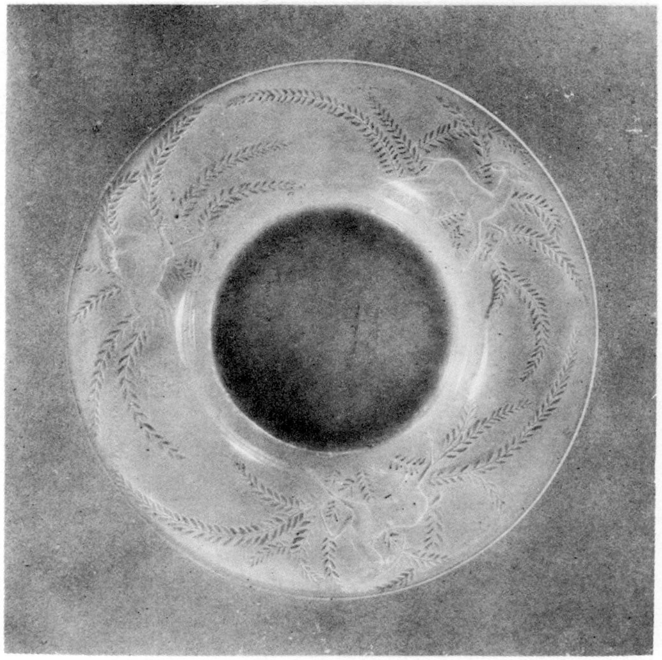

390 GAZELLES 295 mm.

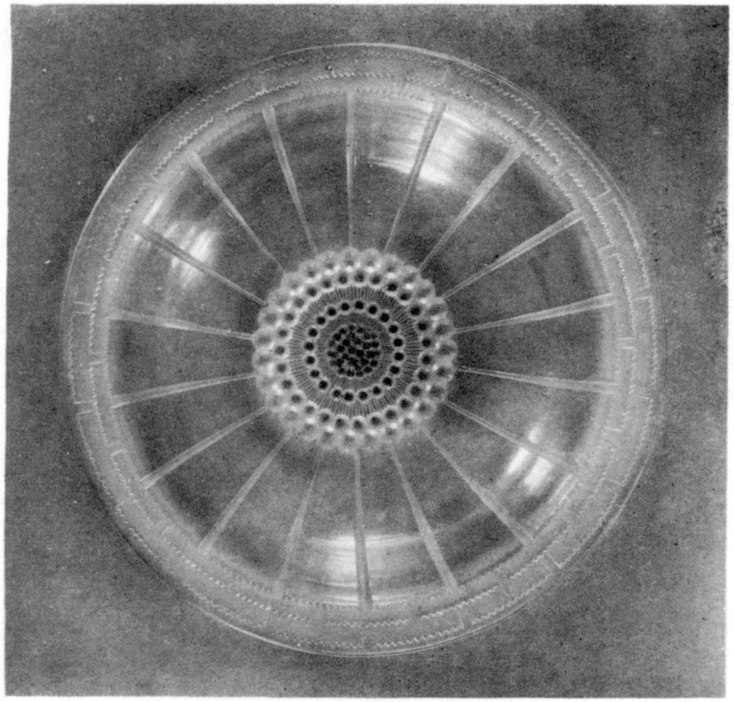

400 CRÉMIEU 300 mm.

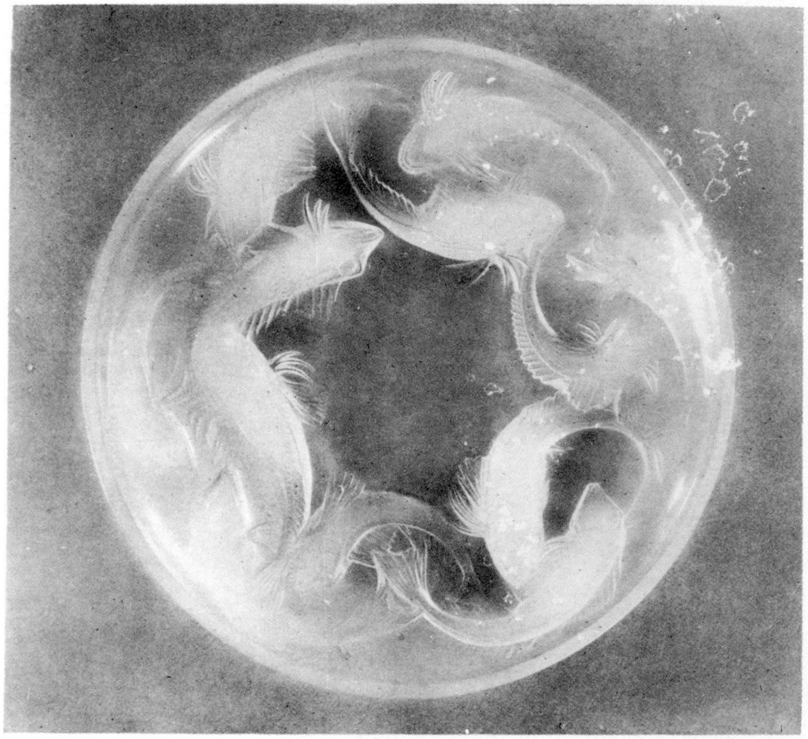

377 MARTIGUES 360 mm.

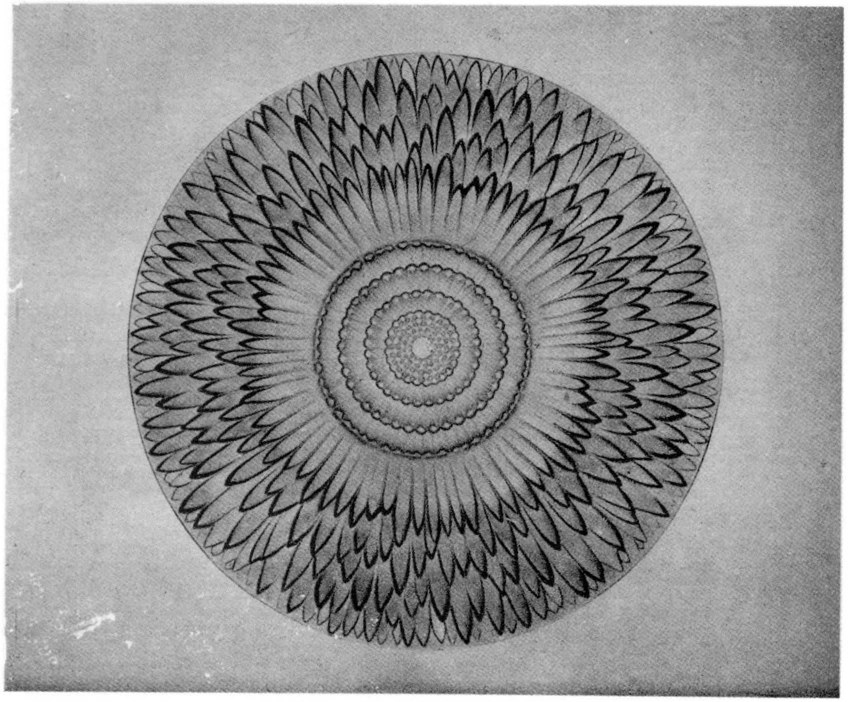

407 FLORA BELLA 390 mm.

402 VILLENEUVE 310 mm.

391 SAINT-VINCENT 345 mm.

378 CYPRINS PLATE 410 mm.

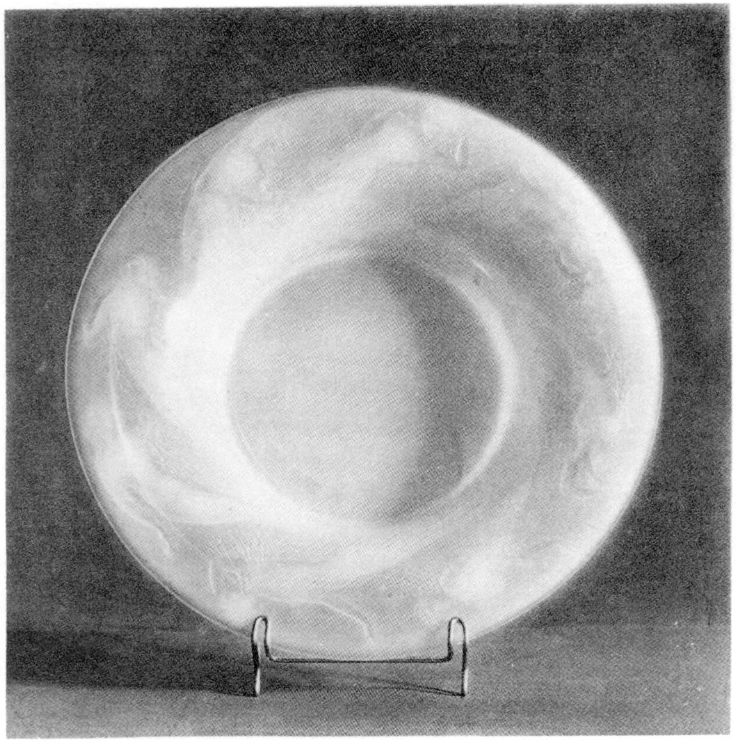

375 SIRÈNES 360 mm.

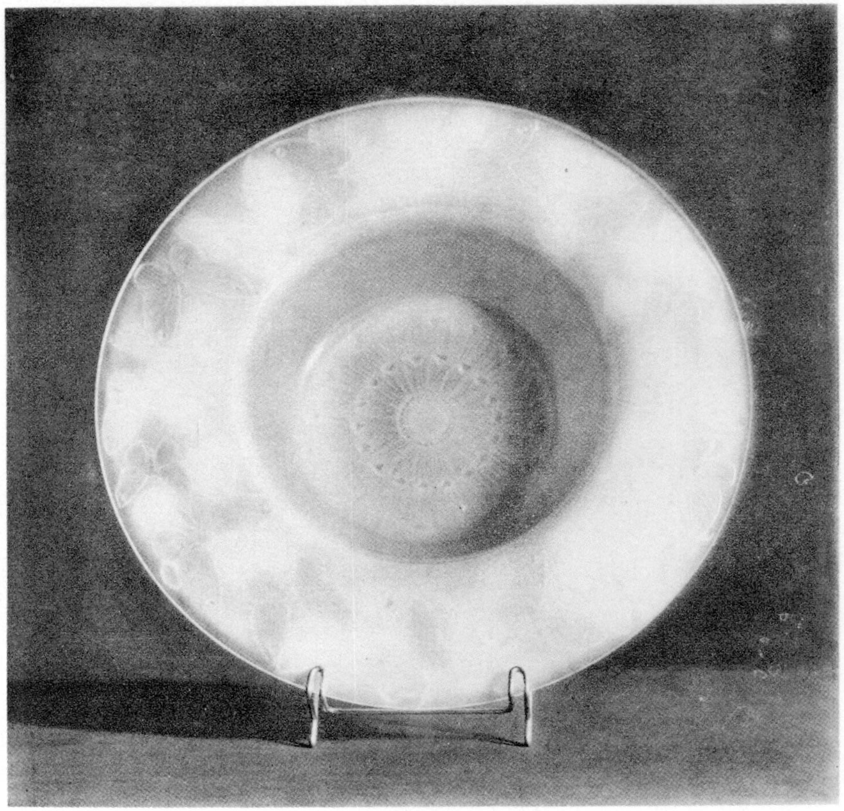

406 PHALÈNES 390 mm.

401 TOURNON 305 mm.

3223 GUI Nº 1 OPALE 240 mm. 3224 GUI Nº 2 OPALE 205 mm.

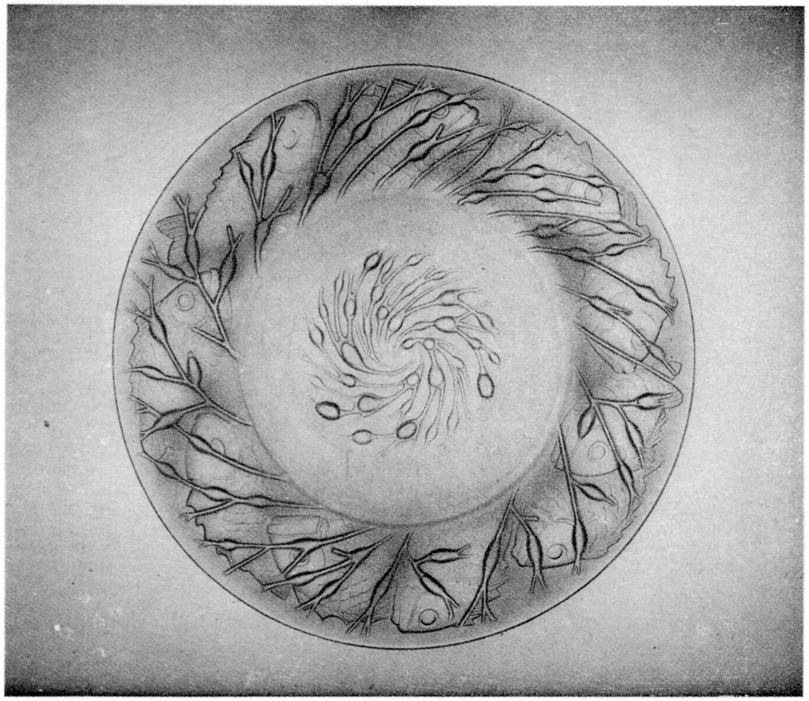

408 ANVERS 390 mm.

404 NEMOURS 255 mm.

405 FLEURVILLE 292 mm.

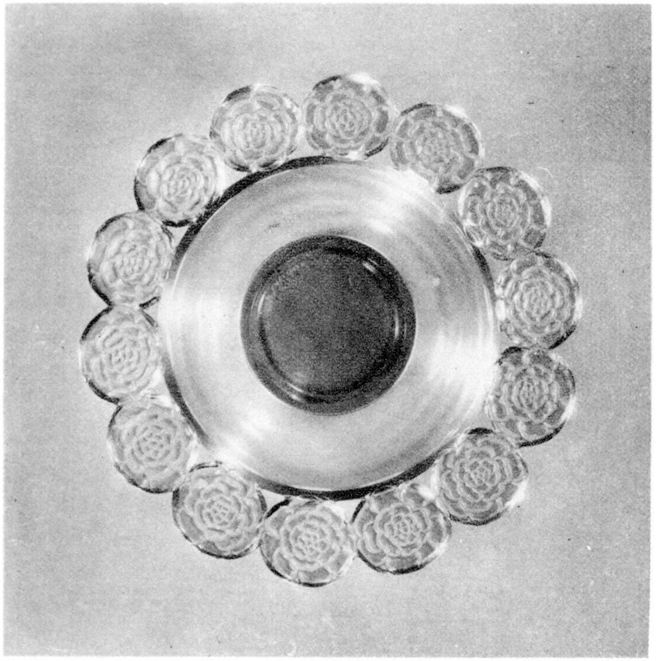

393 ARMENTIÈRES 260 mm.

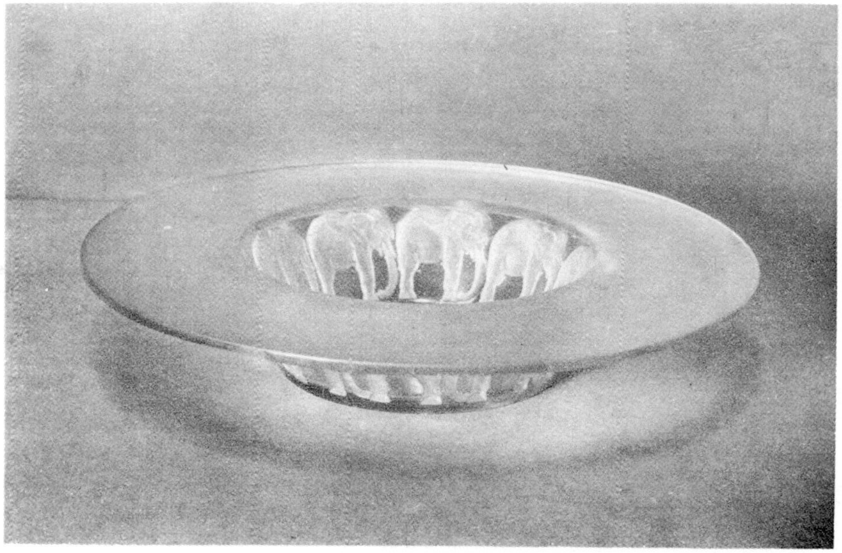

411 ÉLÉPHANTS 385 mm.

3001 ASSIETTE CHASSE, CHIENS 210 mm.

379 CYPRINS REFERMÉE 340 mm.

3002 ASSIETTE FIGURINE ET FLEURS 170 mm.

385 VASE COQUILLES 300 mm.

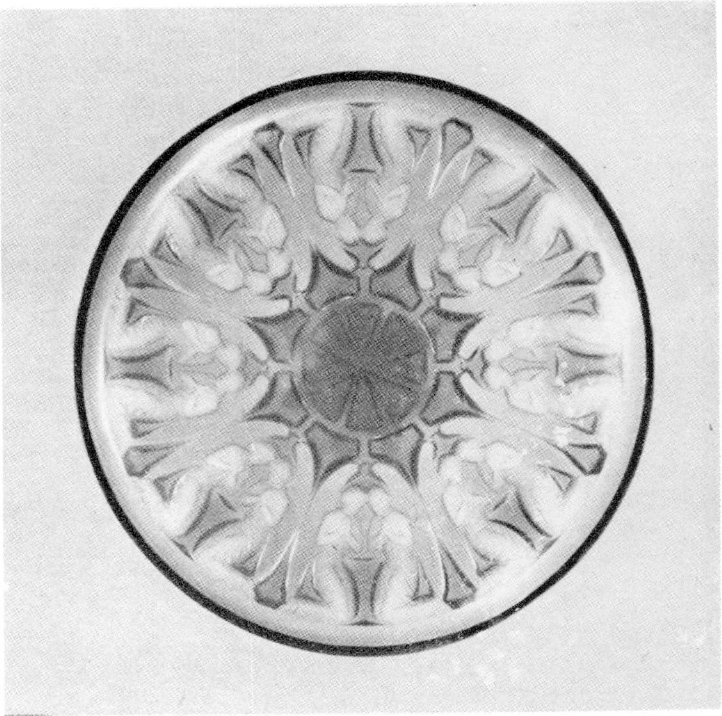

410 ANGES 365 mm.

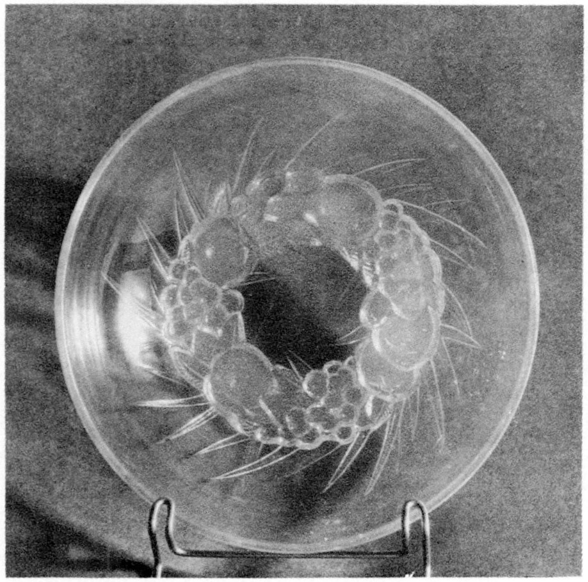
396 MONT-DORE 220 mm.

382 LYS 235 mm.

3210 DAHLIA 239 mm.

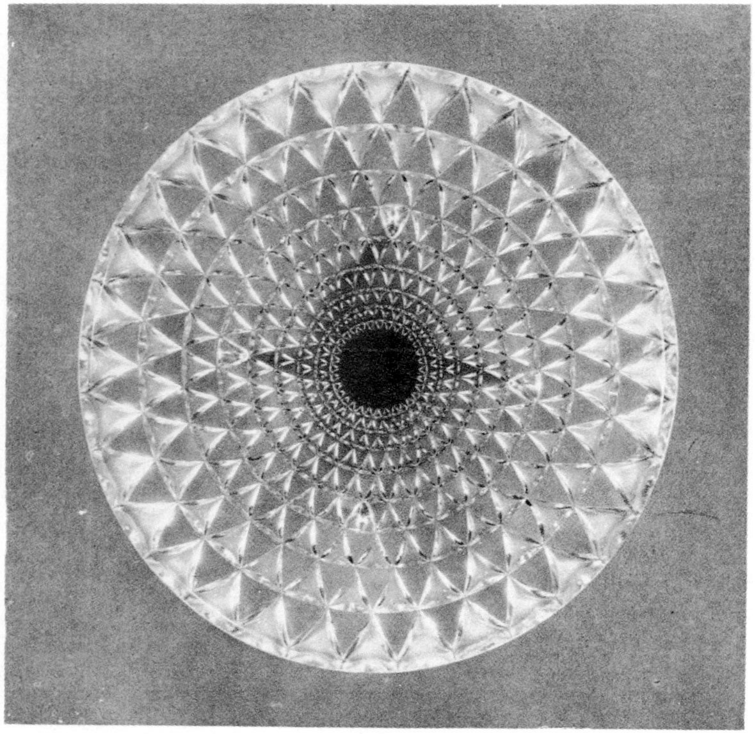
409 ROSACE 315 mm.

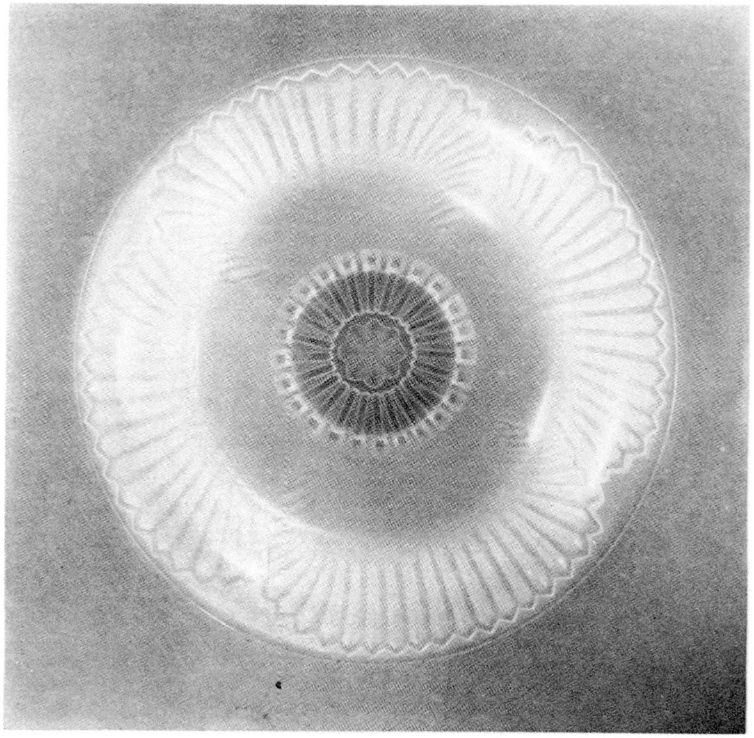
399 MONTIGNY 300 mm.

389 COUPE FILIX 330 mm.

3023 ASSIETTE FILIX 440 mm.

398 NONNETTES 218 mm.

3100 BOL FLEUR 115 mm.

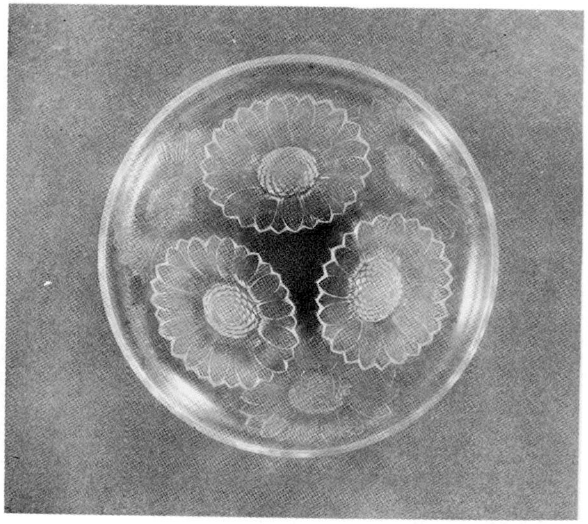

395 VERNON 218 mm.

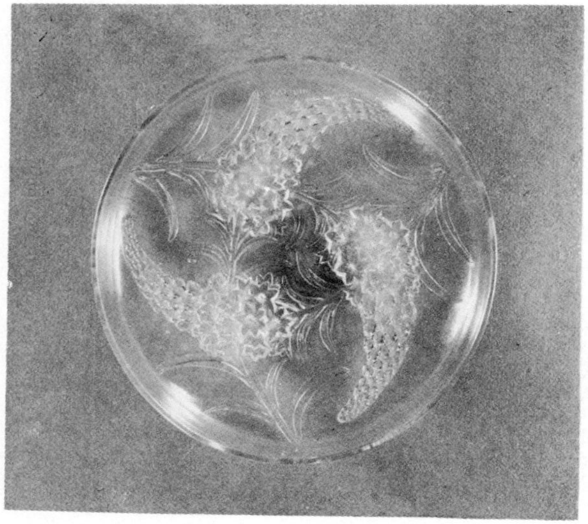

397 VÉRONIQUE 218 mm.

3213 CHICORÉE 240 mm.

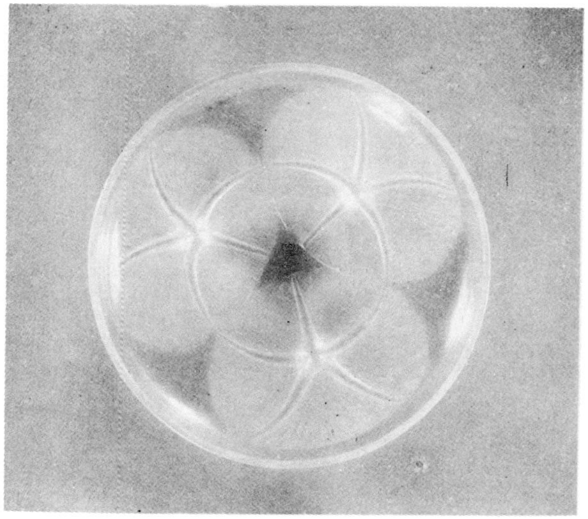

383 VOLUBILIS 210 mm.

381 ONDINES REFERMÉE 190 mm.

3003 ASSIETTE PLATE ONDINE 270 mm.

380 ONDINE OUVERTE 210 mm.

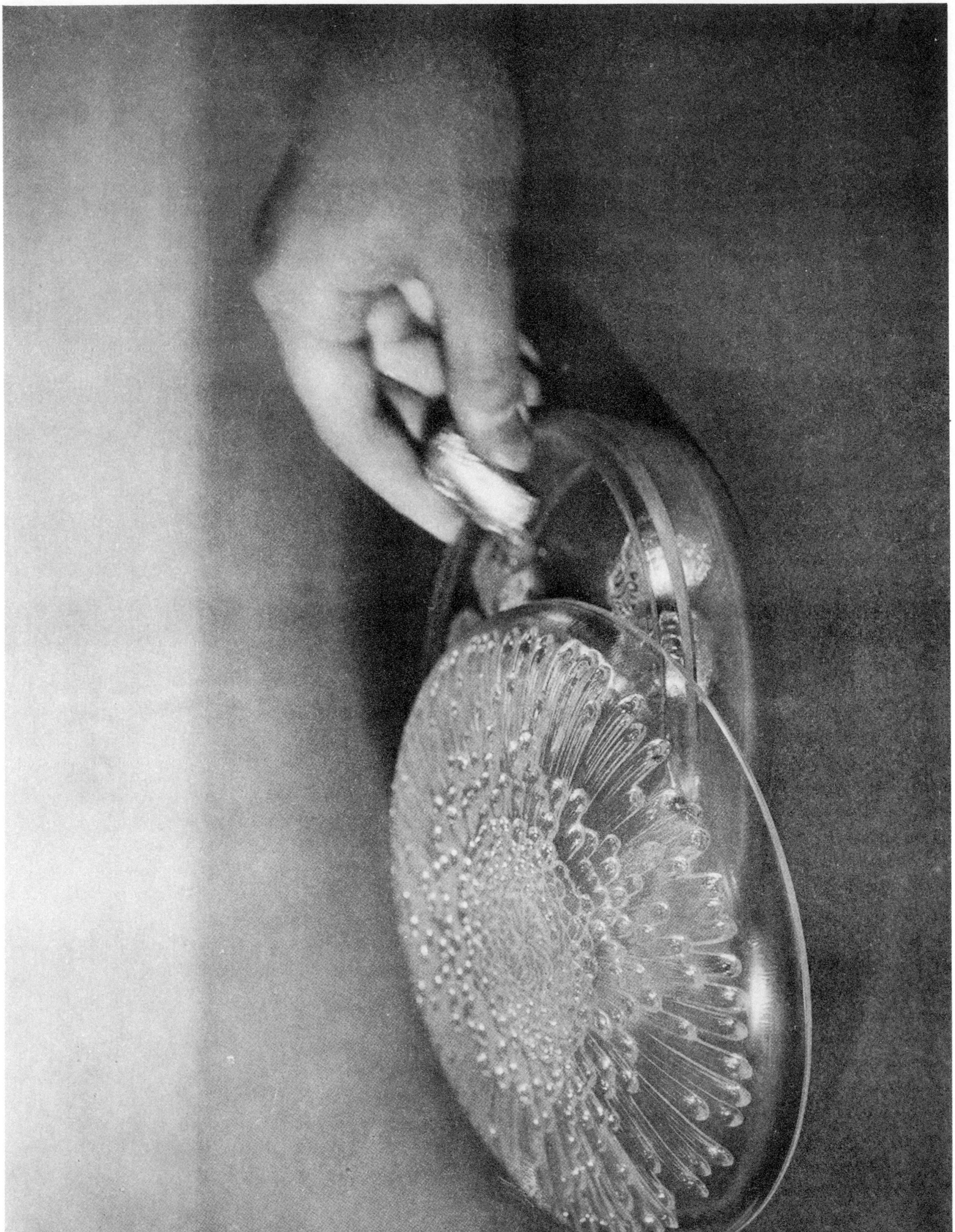

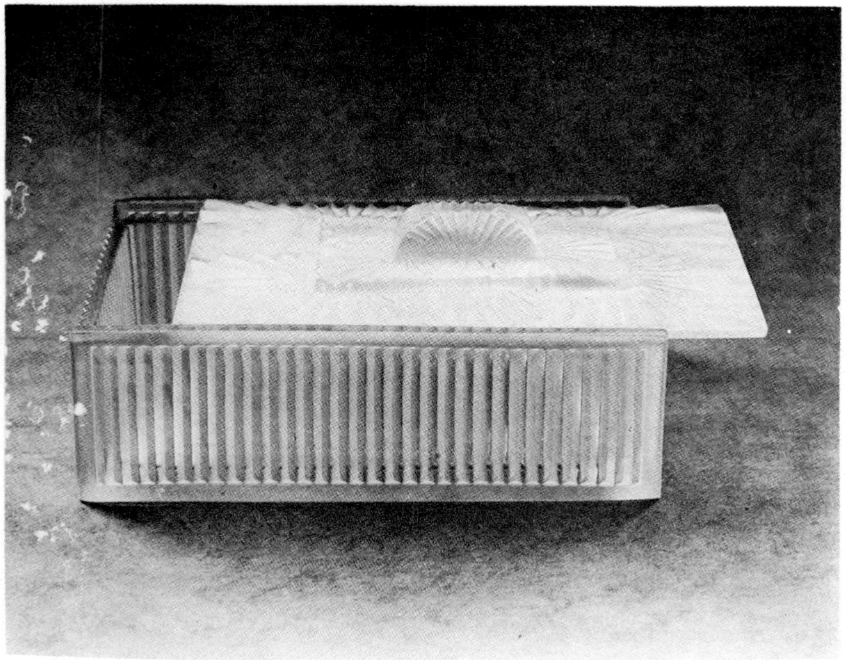

79 BOITE A CIGARES ROMÉO 225 mm.

PRIMEVÈRES 160 mm.

83 SULTANE 140 mm.

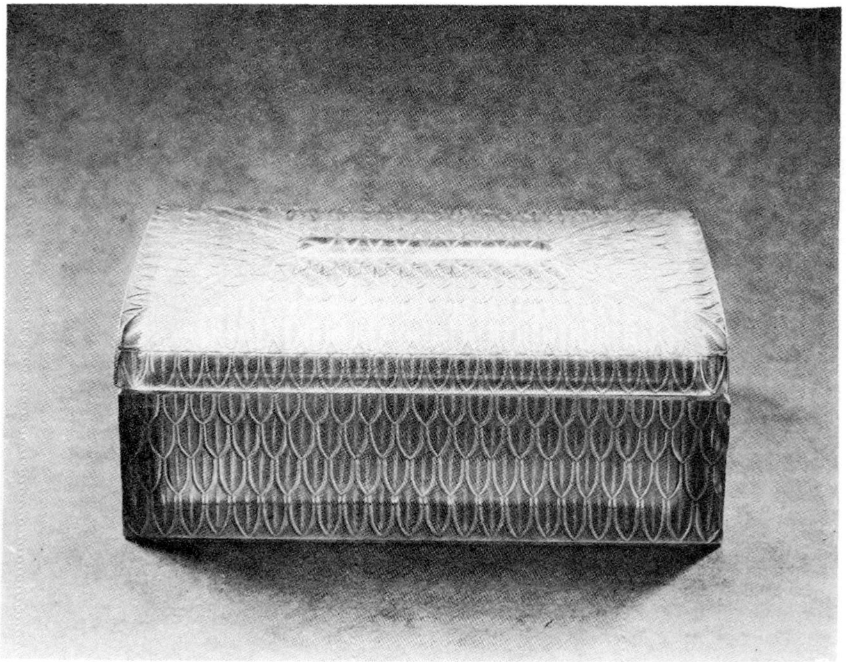

80 BOITE A CIGARES CORONA 220 mm.

53 CIGARETTES HIRONDELLES 100 mm.

60 RAMBOUILLET 85 mm.

54 CIGARETTES ZINNIAS 100 mm.

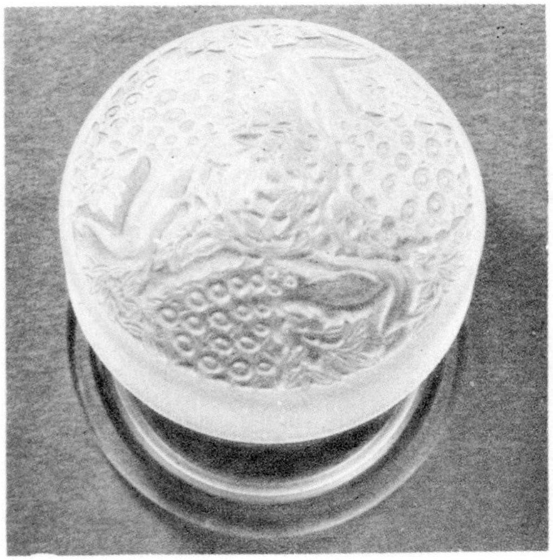

64 ISABELLE 80 mm.

1 PAON 120 mm.

69 MARGUERITES 80 mm.

81 SAINT-MARC 250 mm.

78 DINARD 130 mm.

84 VALLAURIS 155 mm.

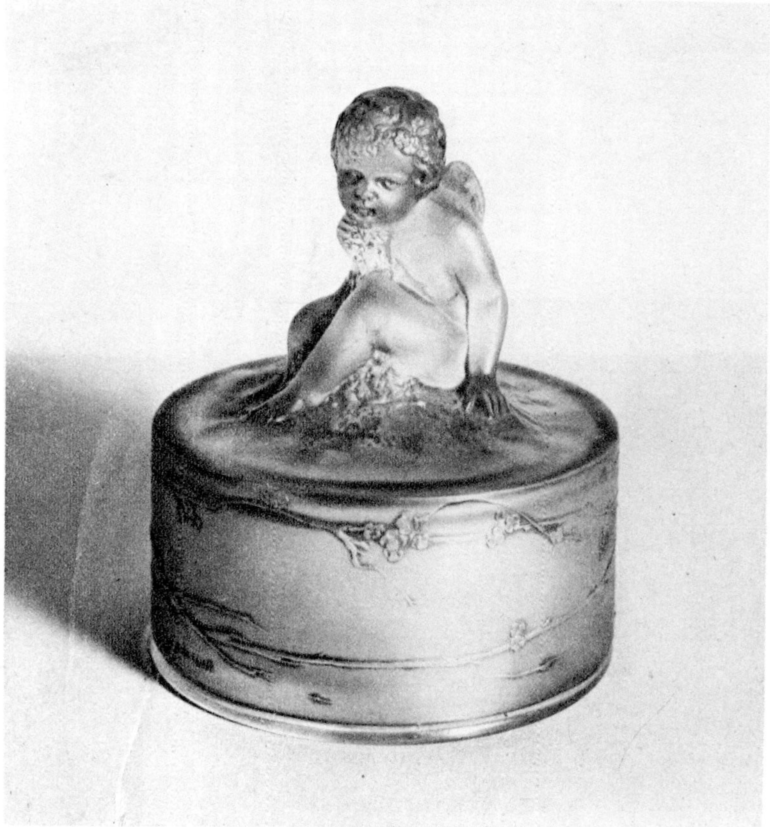

3 AMOUR ASSIS 118 mm.

R. LALIQUE — BOITES

28 GUIRLANDE DE GRAINES 100 mm.

68 VAUCLUSE 75 mm.

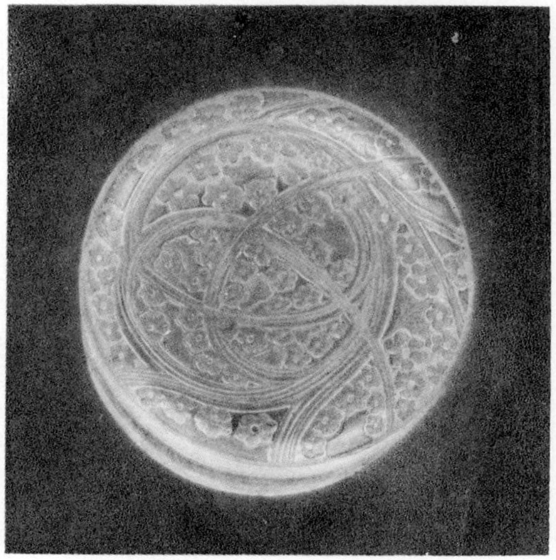

67 LUCIE 75 mm.

66 DEGAS 80 mm. 63 CHEVEUX DE VÉNUS 65 mm.

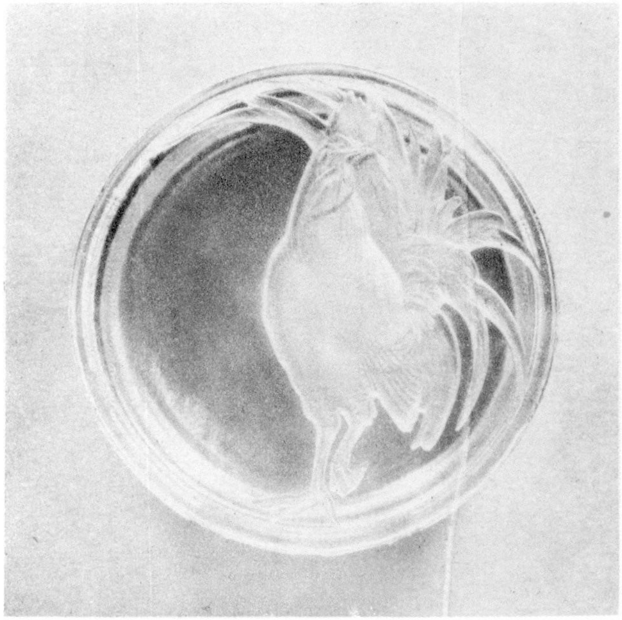

2 COQ 105 mm.

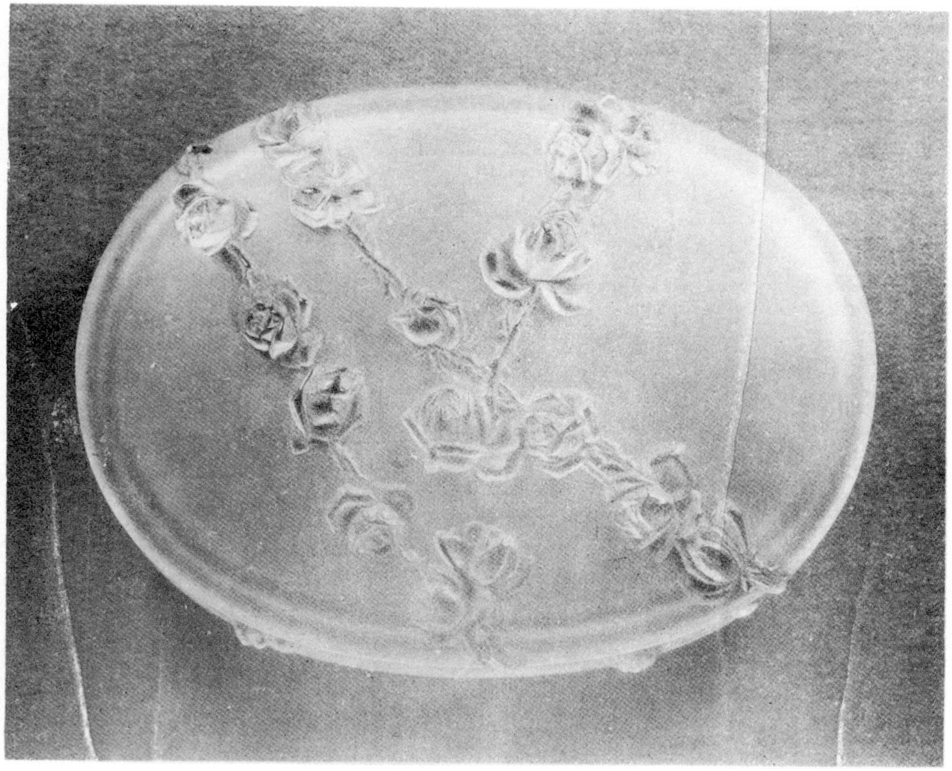

4 ROSES EN RELIEF 160 mm.

75 ROGER 135 mm.

82 ŒUF PERVENCHES 115 mm. 85 ŒUF POUSSINS 115 mm.

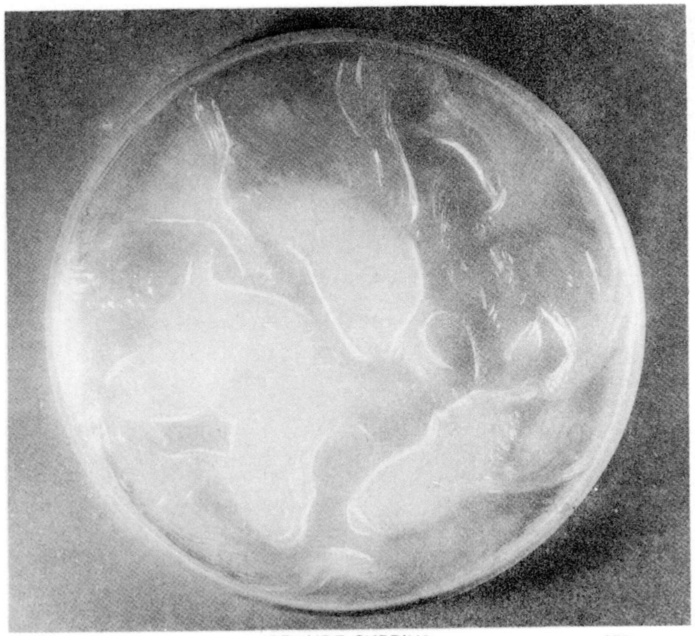

42 GRANDE CYPRINS 255 mm.

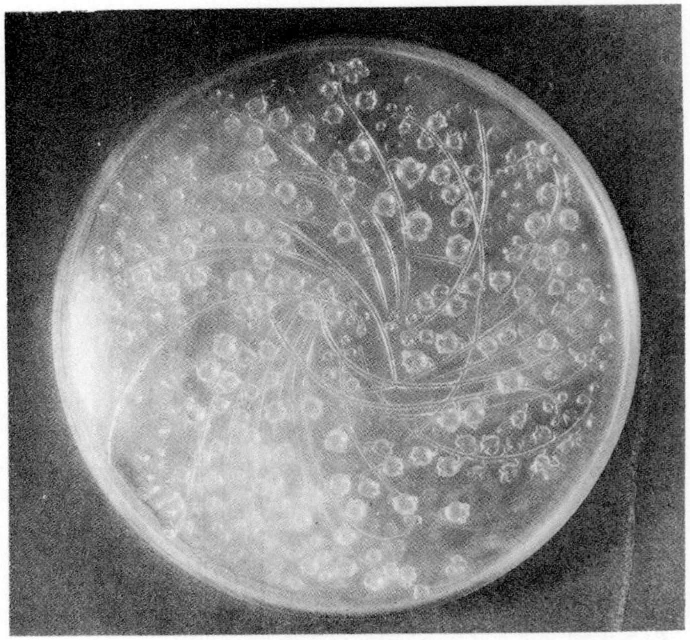

41 GRANDE MUGUETS 255 mm.

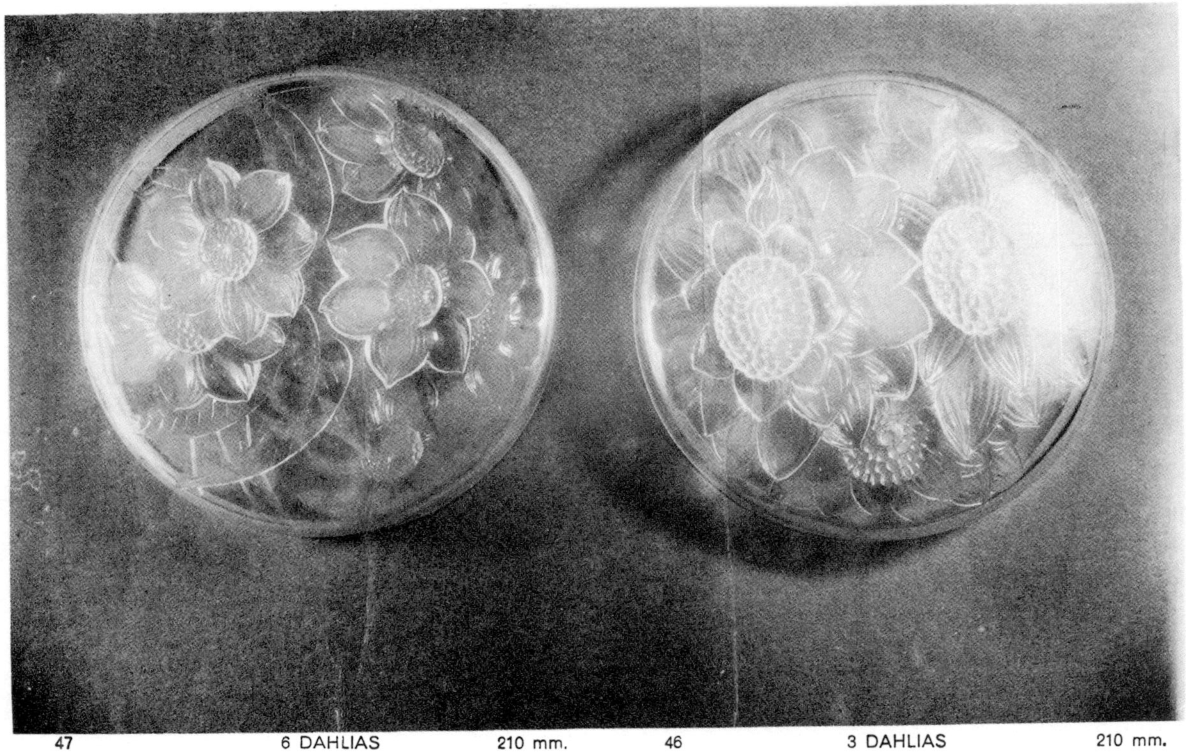

47 6 DAHLIAS 210 mm. 46 3 DAHLIAS 210 mm.

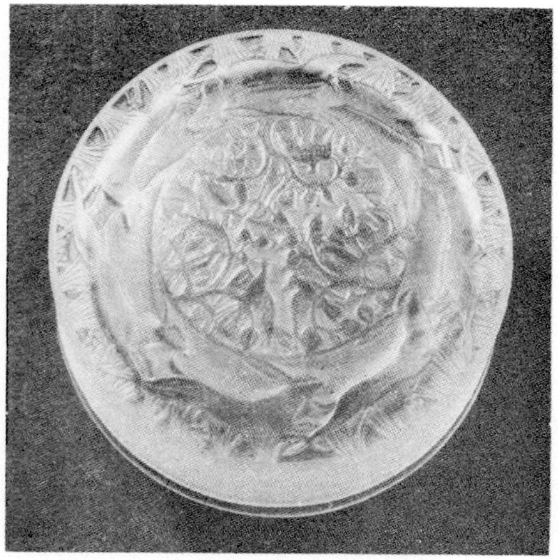

59 FONTAINEBLEAU 85 mm.

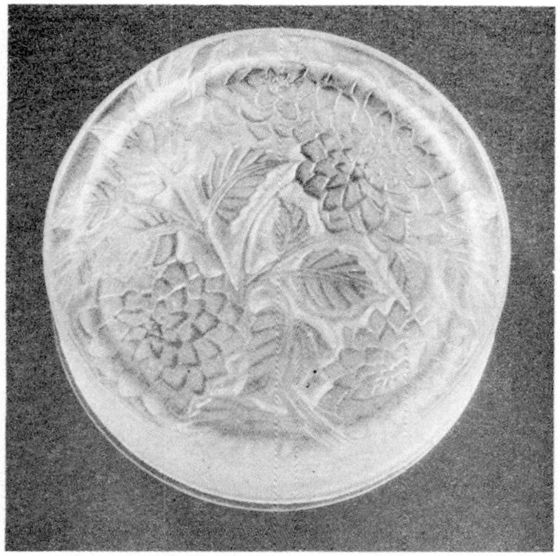

61 MEUDON 85 mm.

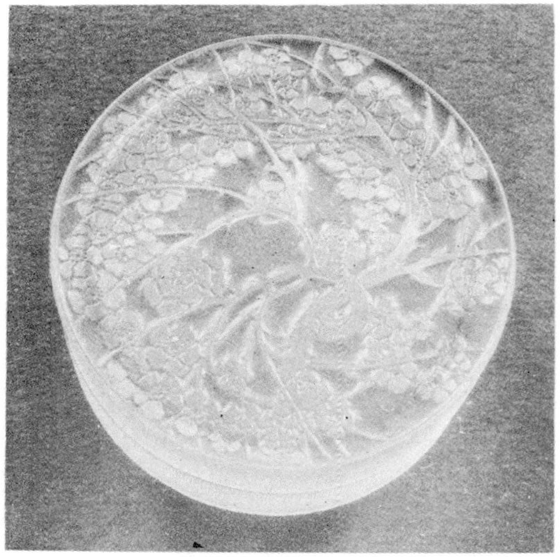

26 POMMIER DU JAPON 85 mm.

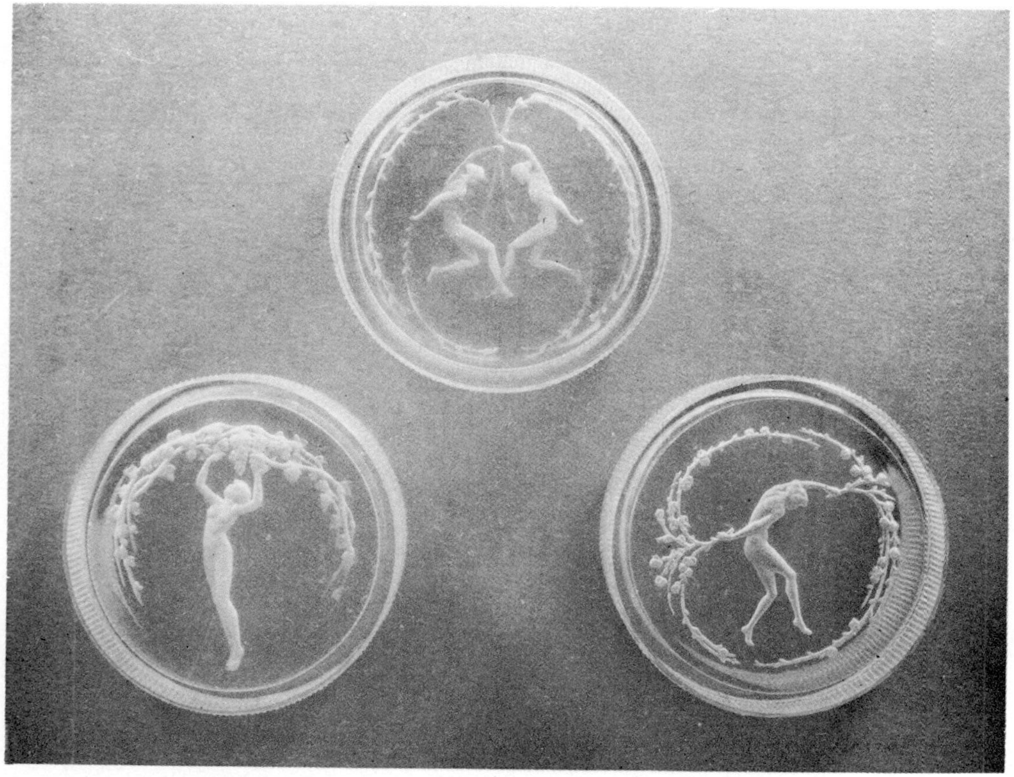

9 FIGURINE ET RAISINS 70 mm. — 11 - 2 FIGURINES ET BRANCHES 70 mm. — 10 FIGURINE ET BOUQUETS 70 mm.

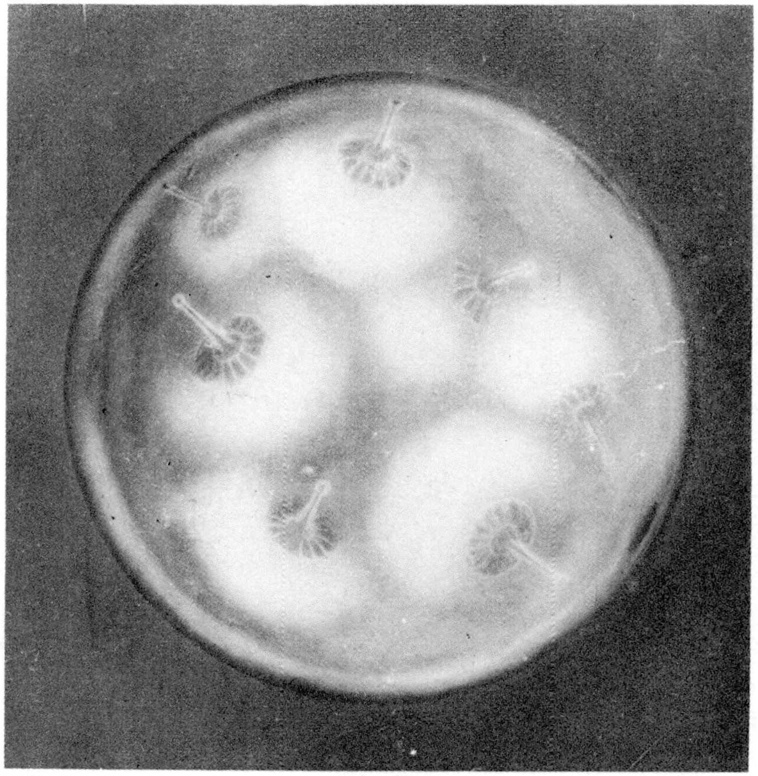

29 HOUPPES 140 mm.

R. LALIQUE

BOITES

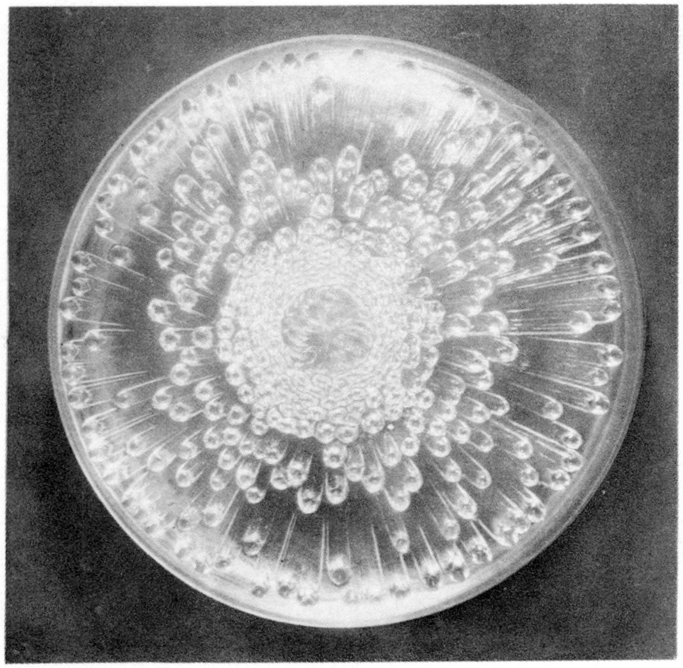

50 TOKIO 170 mm.

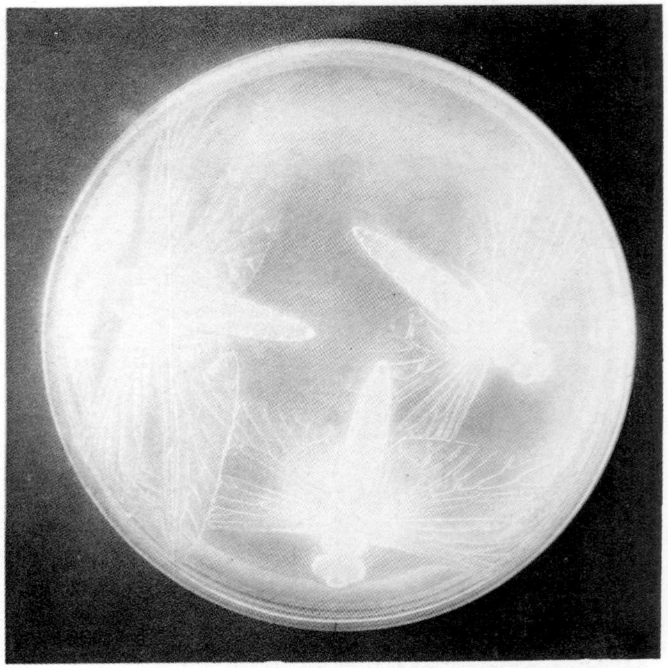

51 LIBELLULES 170 mm.

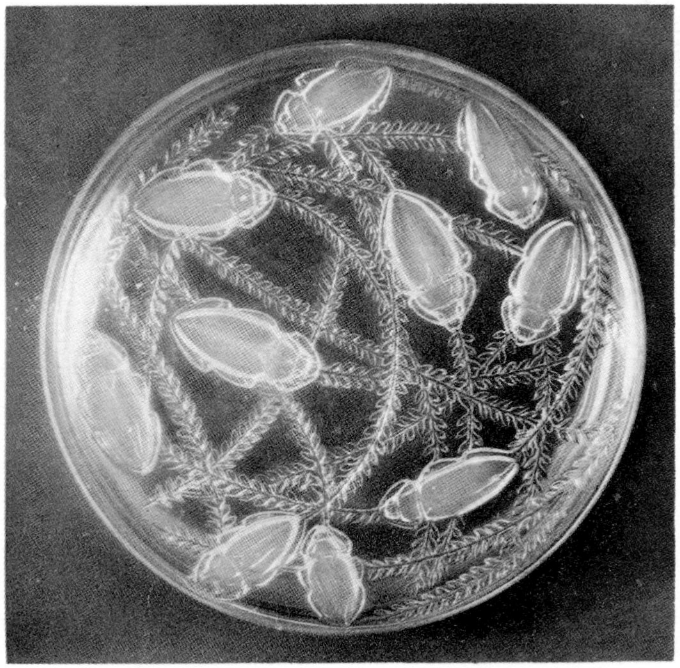

49 CLÉONES 170 mm.

52 MÉSANGES 170 mm.

30 3 PAONS 70 mm.

31 VICTOIRE 70 mm.

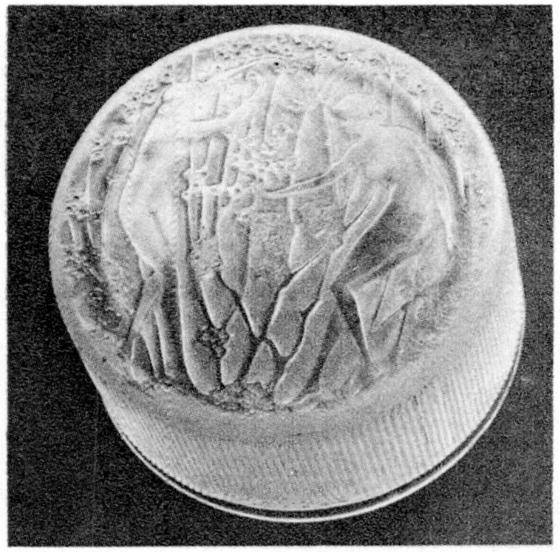
32 2 FIGURINES 70 mm.

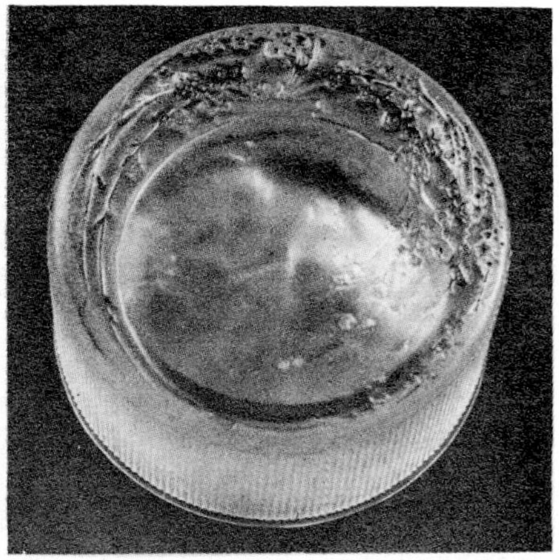
33 1 GRAND VASE 70 mm.

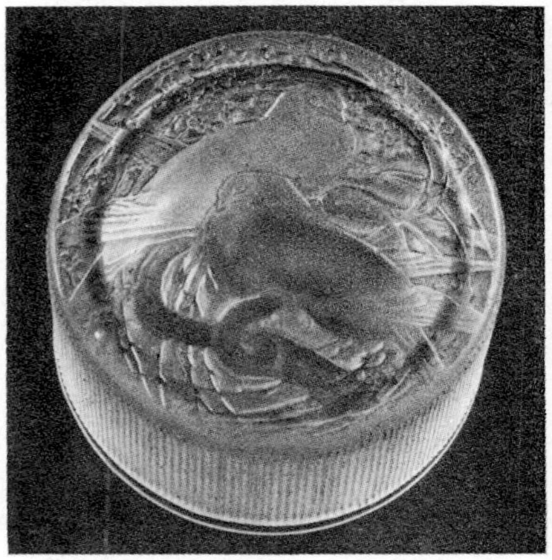
34 2 PIGEONS 70 mm.

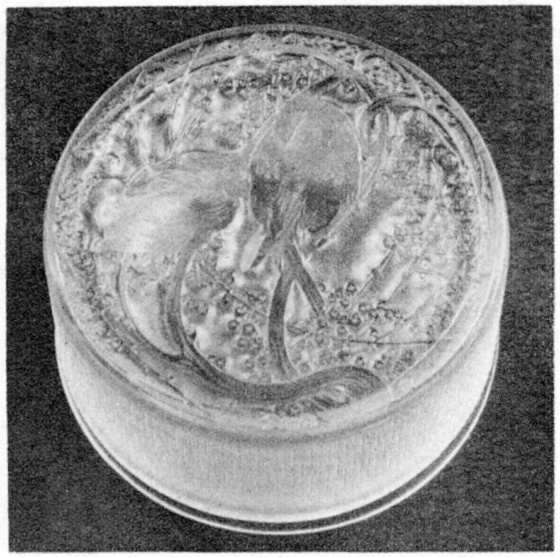
35 2 OISEAUX 70 mm.

37 VASES 70 mm.

39 ANGES 70 mm.

14 4 PAPILLONS 80 mm.

15 4 SCARABÉES 85 mm.

71 COQUILLES 70 mm.

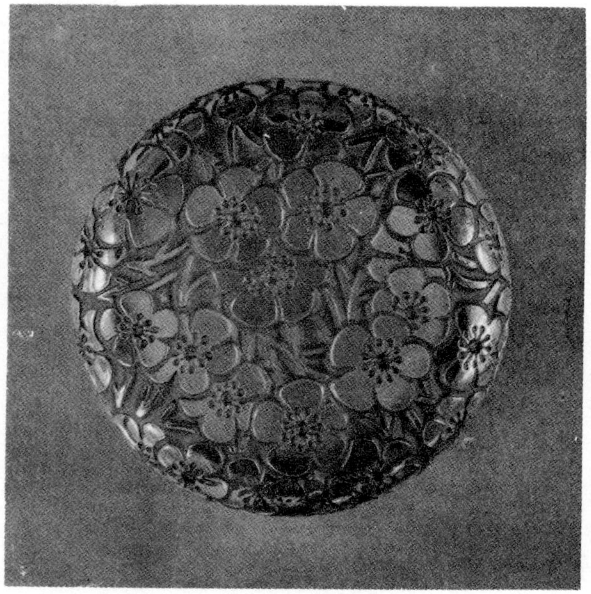

70 EMILIANE 85 mm.

62 CHANTILLY 85 mm.

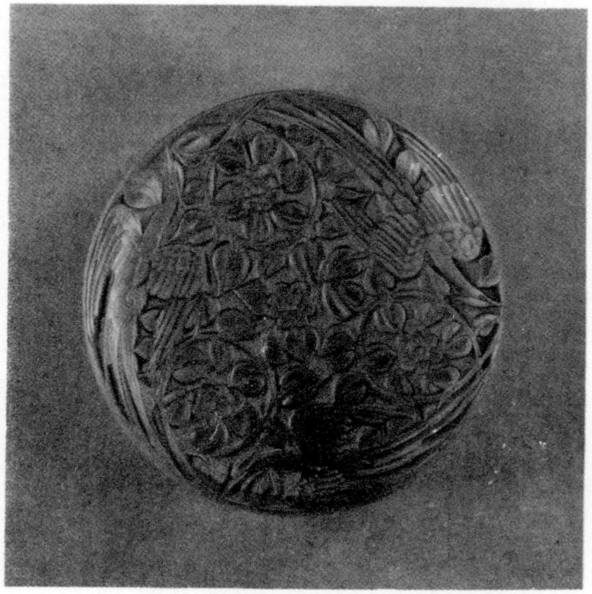

58 COMPIÈGNE 85 mm.

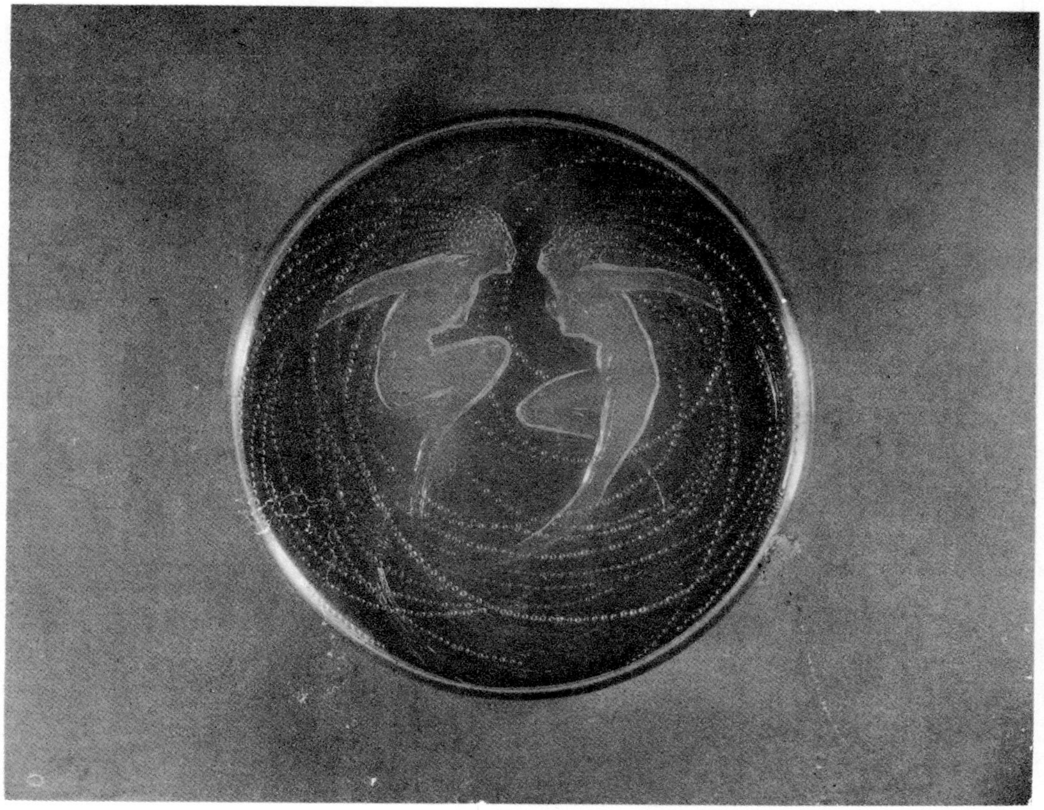

43 2 SIRÈNES 255 mm.

20 AMOURS 85 mm.

21 PANIER DE ROSES 85 mm.

22 GABRIELLE 85 mm.

5 LOUVECIENNES 90 mm.

7 FONTENAY 65 mm.

6 ERMENONVILLE 90 mm.

23 CYGNES 85 mm.

76 SAINT-NECTAIRE 85 mm.

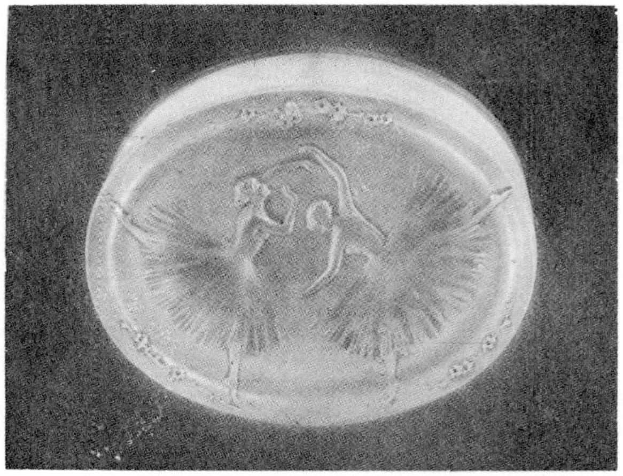

24 2 DANSEUSES 85 mm.

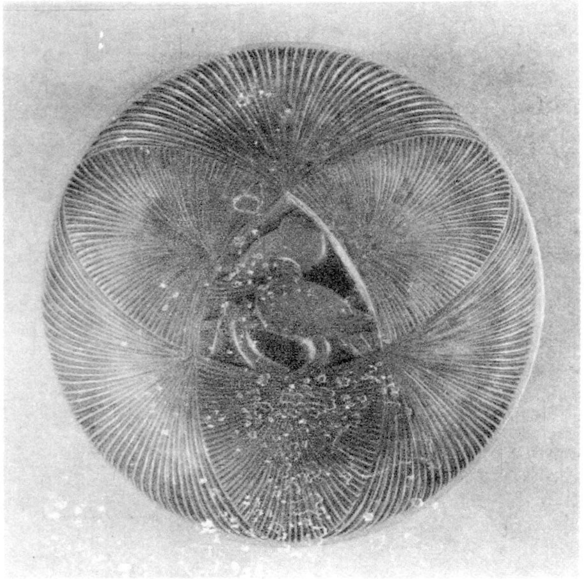

57 GENEVIÈVE 103 mm.

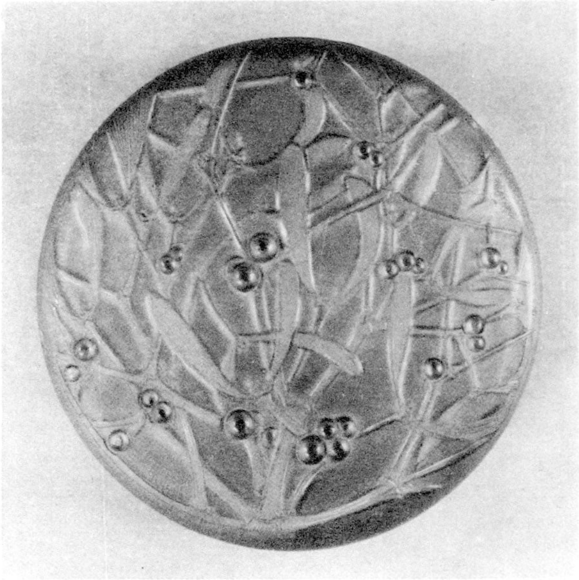

65 GUI 100 mm.

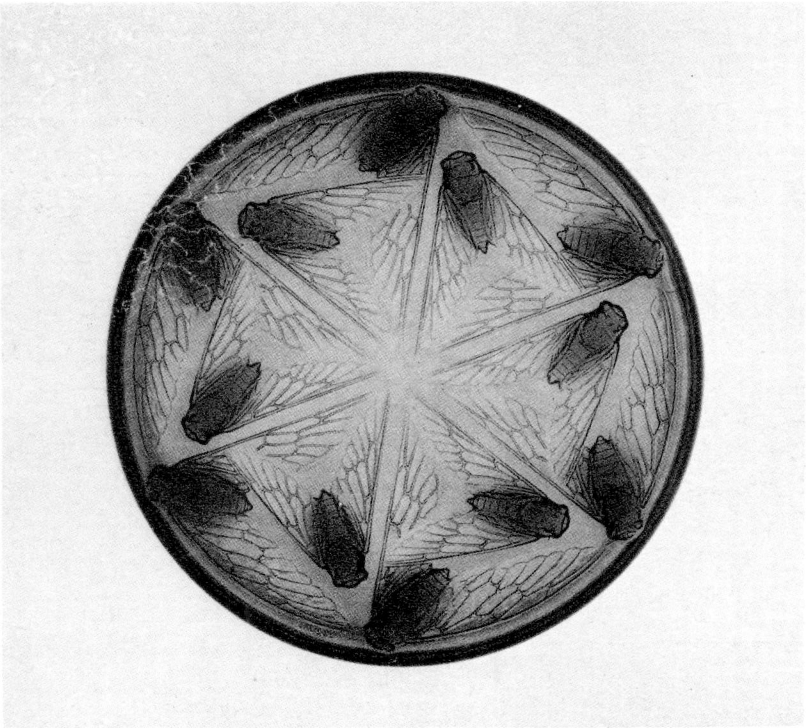

44 CIGALES 255 mm.

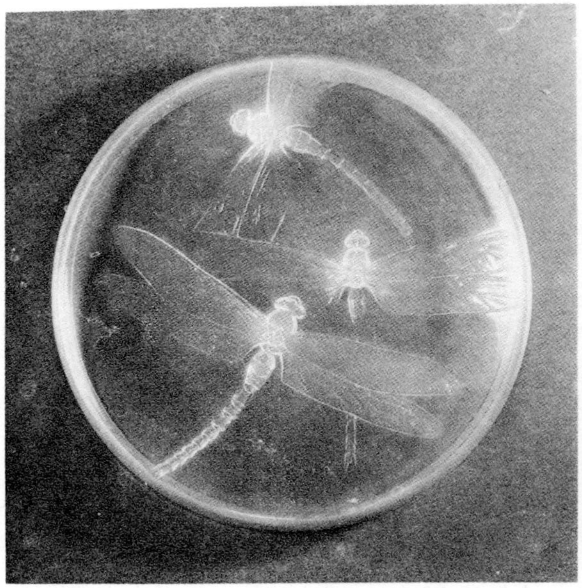

45 GEORGETTE 210 mm.

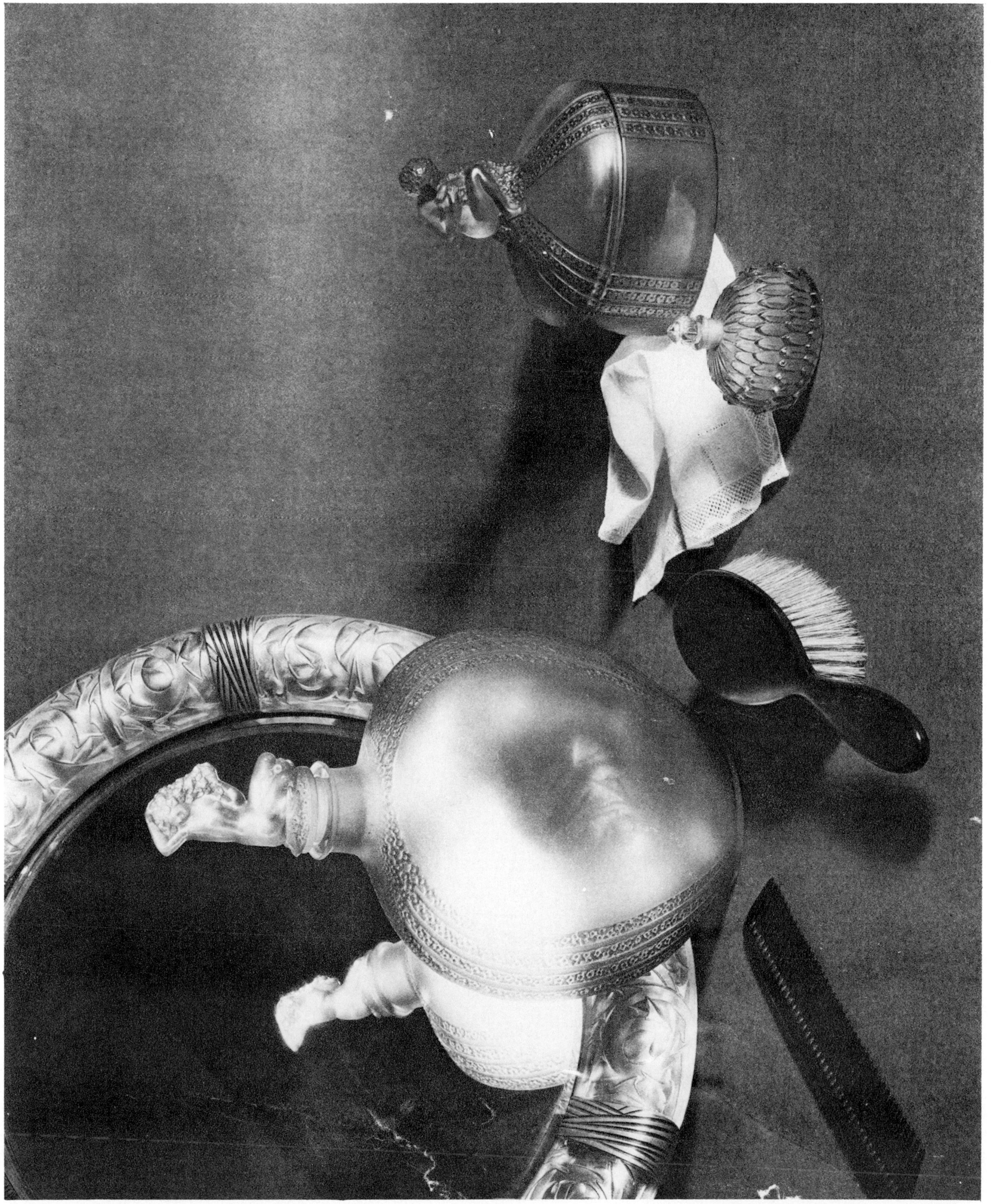

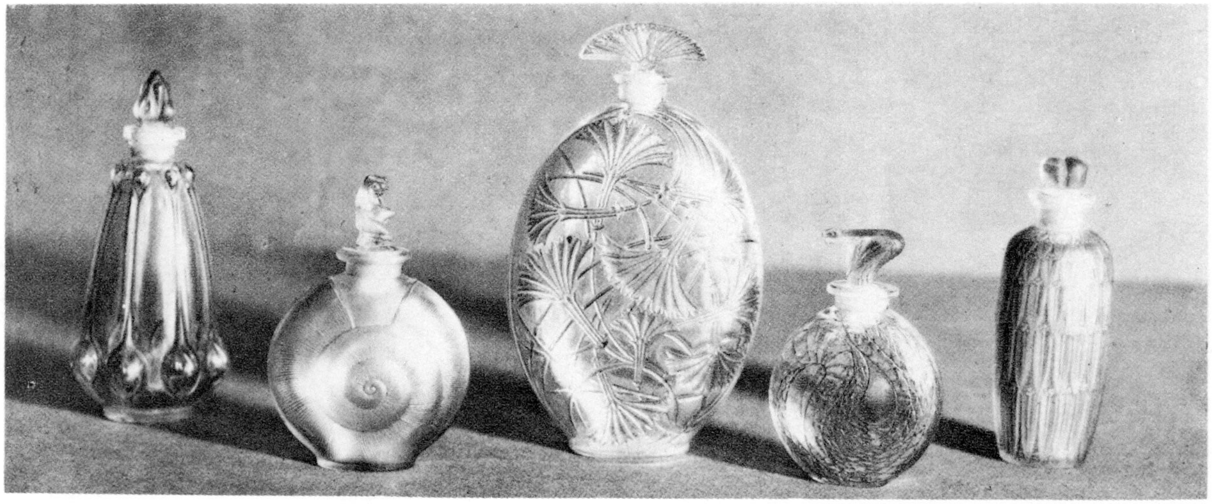

483 OLIVES 110 mm. 514 AMPHYTRITE 95 mm. 524 TANTOT 150 mm. 502 SERPENT 90 mm. 478 PETITES FEUILLES 102 mm.

493 BOUCHON FLEURS DE POMMIER 140 mm.

494 BOUCHON CASSIS 110 mm. 501 GROS FRUITS 130 mm. 495 BOUCHON MURES 110 mm.

508 TELLINE 100 mm.

485 LENTILLE 50 mm. 518 PALERME 118 mm. 475 CIGALES 130 mm. 521 GRÉGOIRE 98 mm. 516 CAMILLE 60 mm.

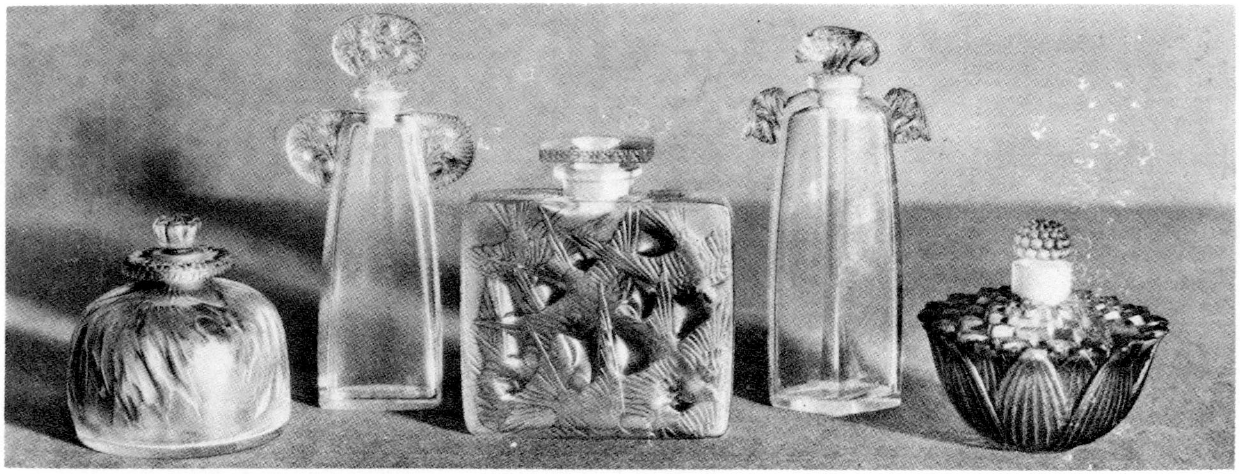

476 PAVOT 70 mm. 499 ANSES ET BOUCHON MARGUERITE 120 mm. 503 CARRÉ HIRONDELLES 90 mm. 498 3 GUÊPES 120 mm. 522 (LOTUS) HÉLÈNE 67 mm.

500 COLLERETTE AVEC GLANDS SOIE 130 mm.

506 LEPAGE 115 mm. 515 MARQUITA 85 mm. 517 CLAMART 110 mm. 491 SALAMANDRES 95 mm. 497 SPIRALES 100 mm.

487 PANIER DE ROSES 100 mm. 484 CAPRICORNE 80 mm.

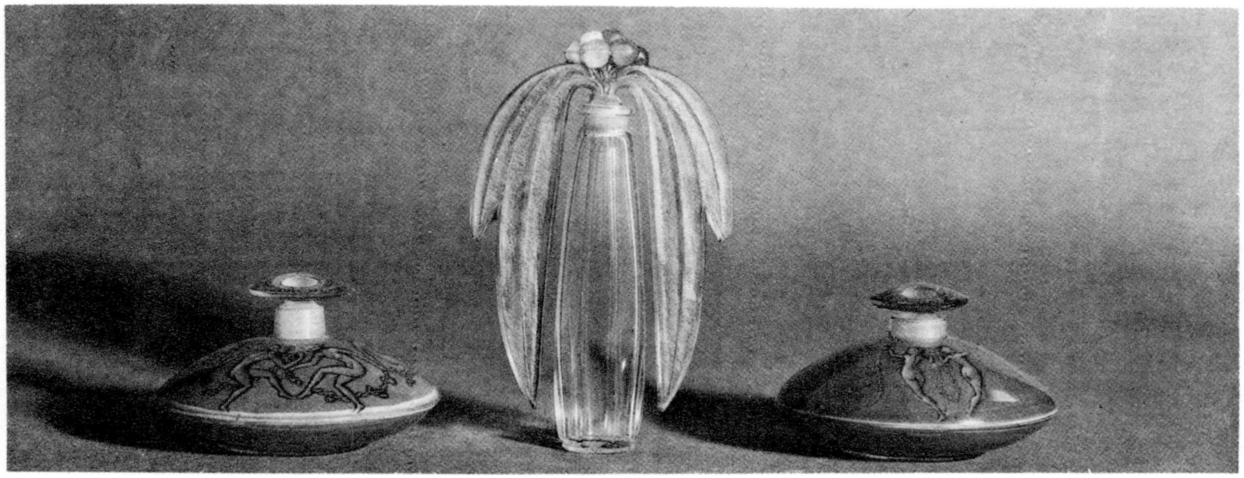

512 PLAT 6 DANSEUSES 60 mm. 507 BOUCHON EUCALYPTUS 135 mm. 511 PLAT 3 GROUPES 2 DANSEUSES 60 mm.

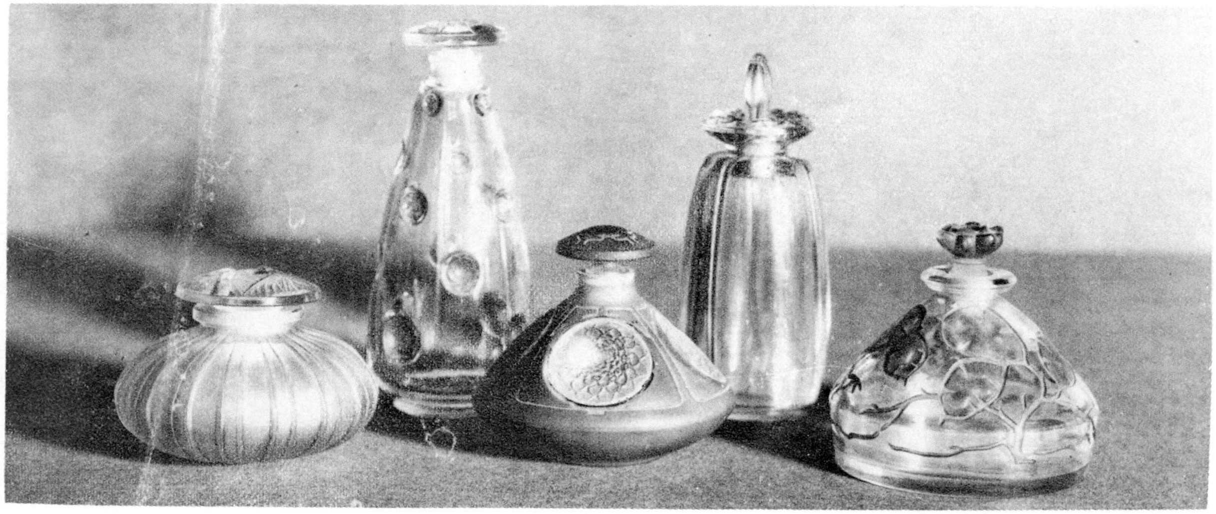

477 A côtes bouchon papillon 60 mm. 486 Fleurs concaves 120 mm. 505 4 Soleils 75 mm. 510 Carnette fleur 120 mm. 482 Lunaria 80 mm.

490 MÉPLAT 2 FIGURINES 120 mm.

489 FOUGÈRES 90 mm. 519 CACTUS 98 mm. 488 ROSACE FIGURINES 110 mm.

496 BOUCHON 3 HIRONDELLES 120 mm.

492 NÉNUPHAR 120 mm. 520 AMÉLIE 73 mm. 504 PAN 127 mm. 523 AMBROISE 75 mm. 513 GLYCINES 120 mm.

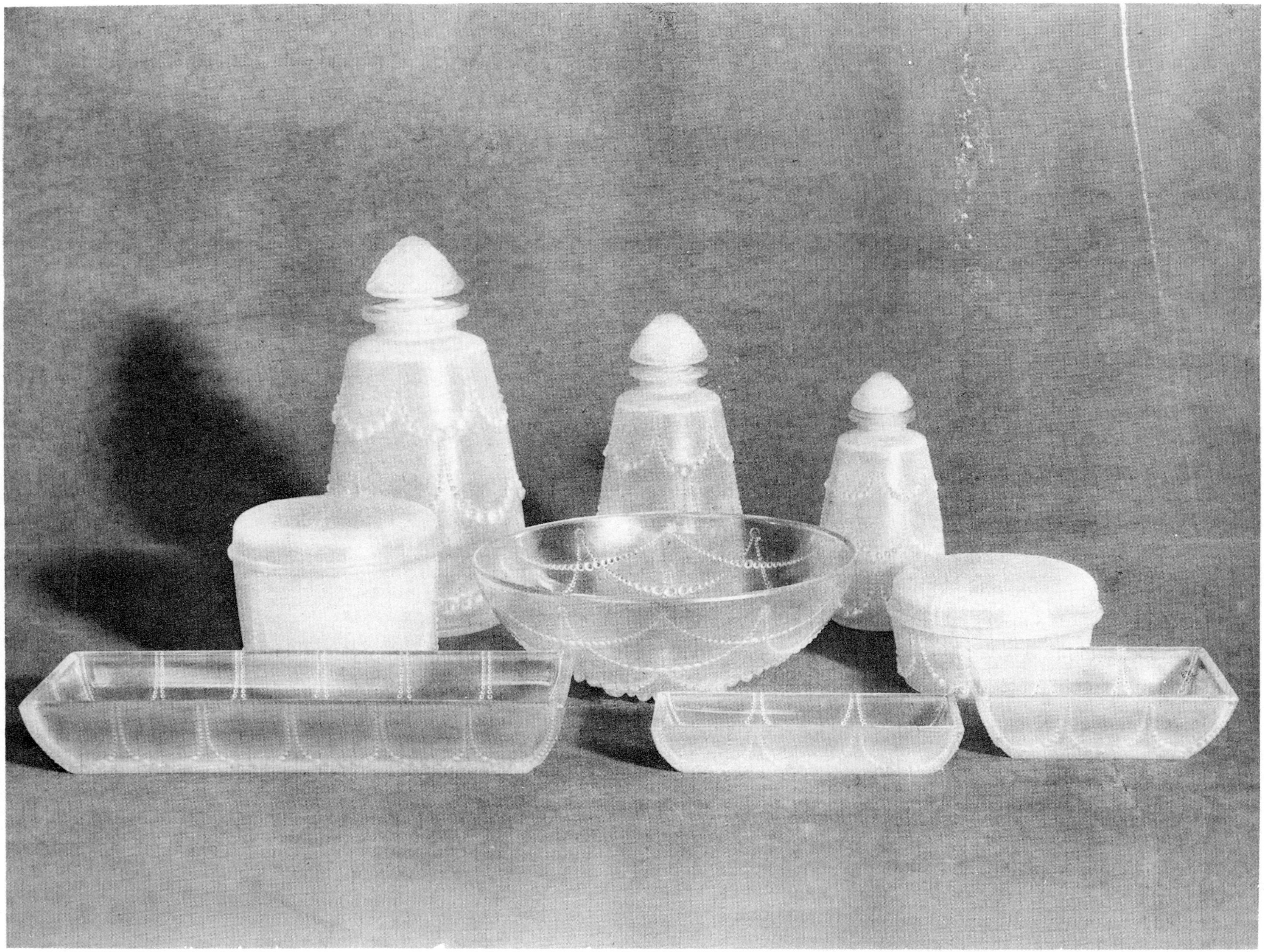

PERLES

600 205 mm.
601 165 mm.
602 135 mm.
603 90 mm.
608 183 mm.
604 60 mm.
605 230 mm.
606 113 mm.
607 130 mm.

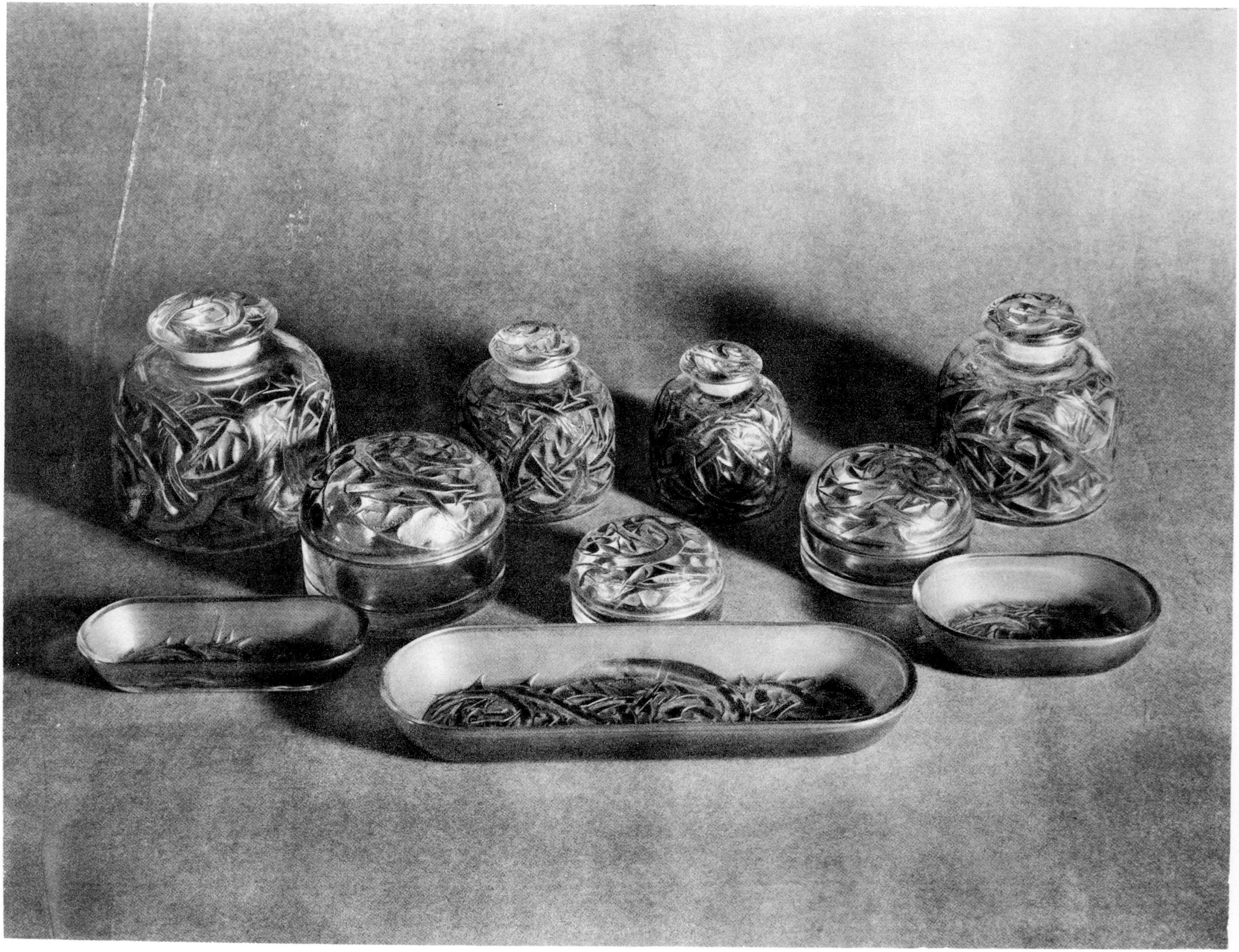

ÉPINES

590 120 mm. — ~~587~~ 597 130 mm.

~~694~~ 594 70 mm.

592 95 mm.

596 40 mm. — 598 240 mm.

593 85 mm.

595 60 mm.

591 110 mm. — 599 110 mm.

FLEURETTES

575 200 mm.
577 130 mm.
576 160 mm.
580 90 mm.
584 180 mm.
581 60 mm.
583 110 mm.
579 130 mm.
582 240 mm.

MYOSOTIS

611 290 mm. 613 230 mm. 614 118 mm. 612 260 mm.

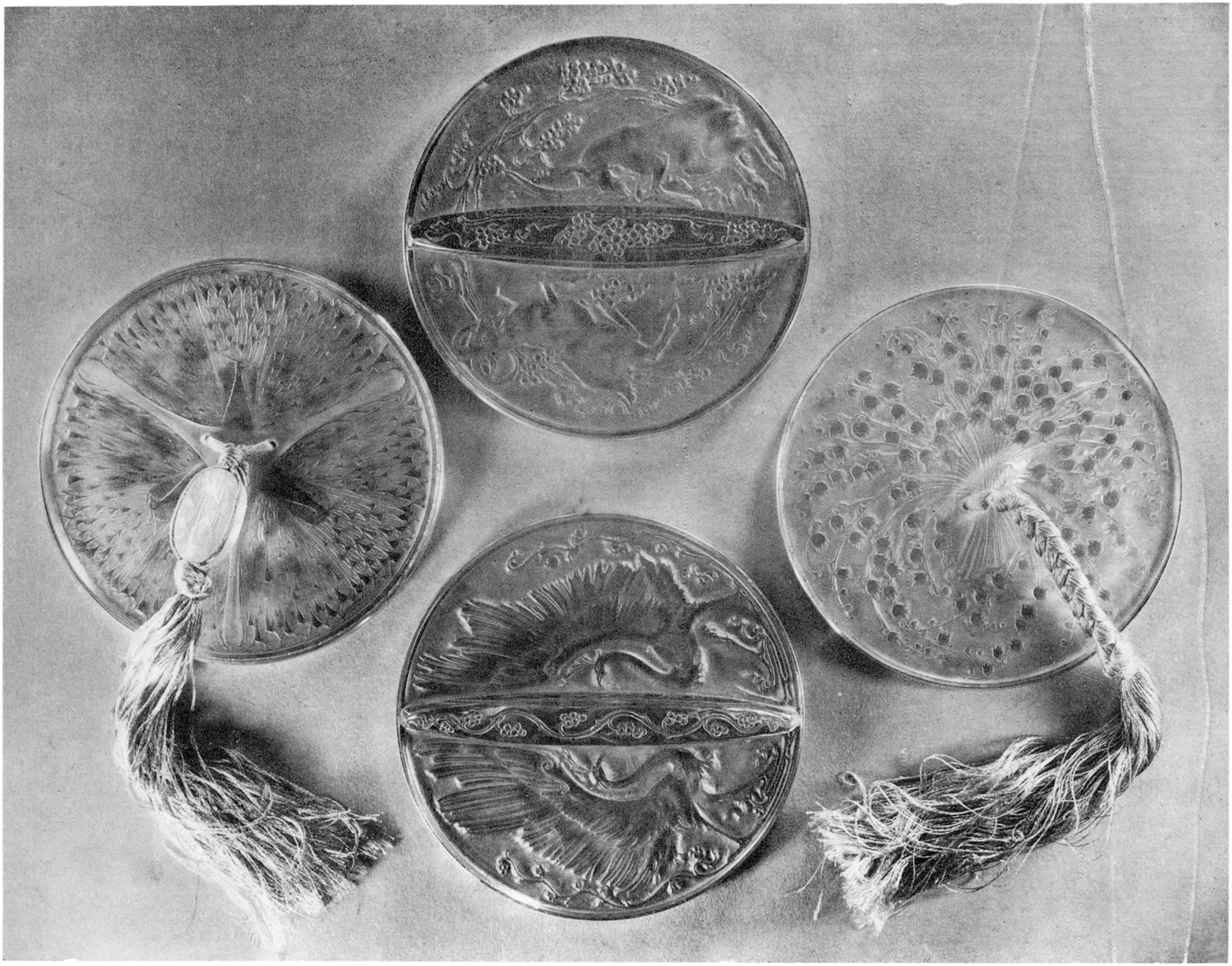

679 3 PAONS 160 mm.

678 2 CHÈVRES 160 mm.

677 2 OISEAUX 160 mm.

684 MUGUET 160 mm.

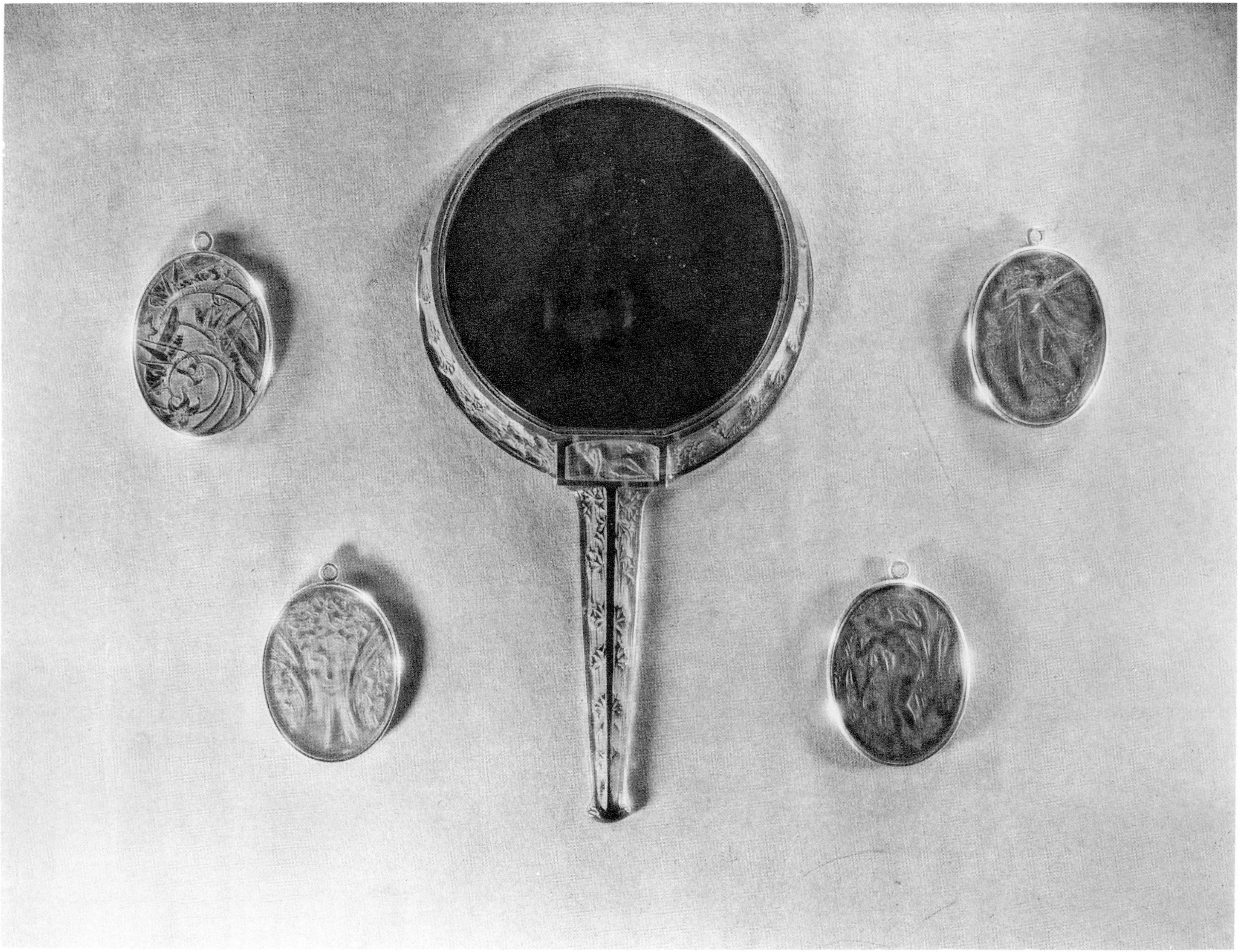

680 SAUTERELLES 70 mm.

681 PSYCHÉ 70 mm.

675 NARCISSE COUCHÉ 350 mm.

682 TÊTE 70 mm.

683 NARCISSE DEBOUT 70 mm.

685 ROND GRAND EGLANTINES 430 mm.

686 ROND GRAND ÉPINES 430 mm.

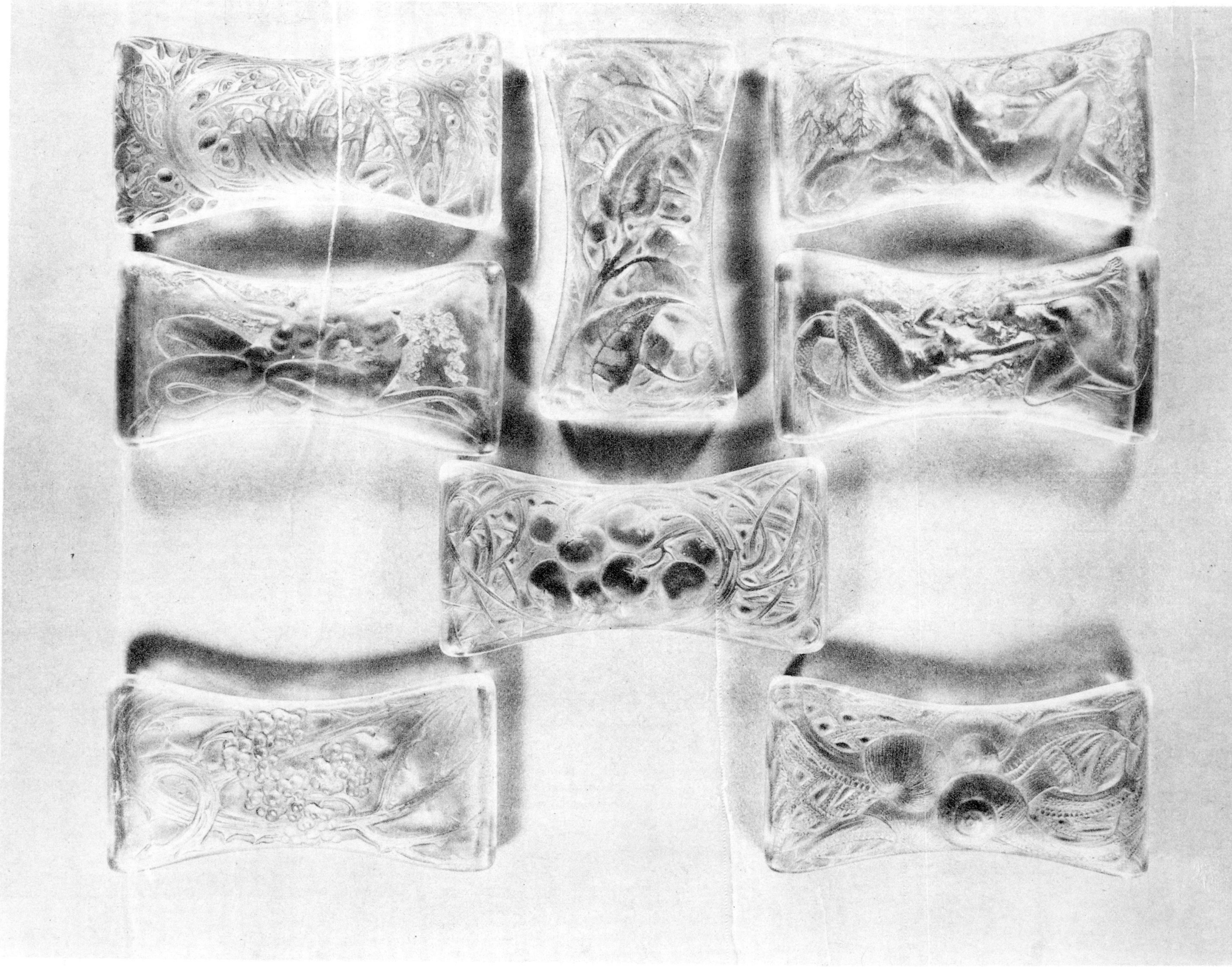

155 FEUILLES D'ARTICHAUT 160 mm.
154 SIRÈNES ENLACÉES ASSISES 160 mm.
156 MURES 160 mm.

150 GROSSES FEUILLES 160 mm.
152 CERISES 160 mm.

153 FAUNE ET NYMPHE 160 mm.
157 2 SIRÈNES FACE A FACE COUCHÉES 160 mm.
151 ESCARGOTS 160 mm.

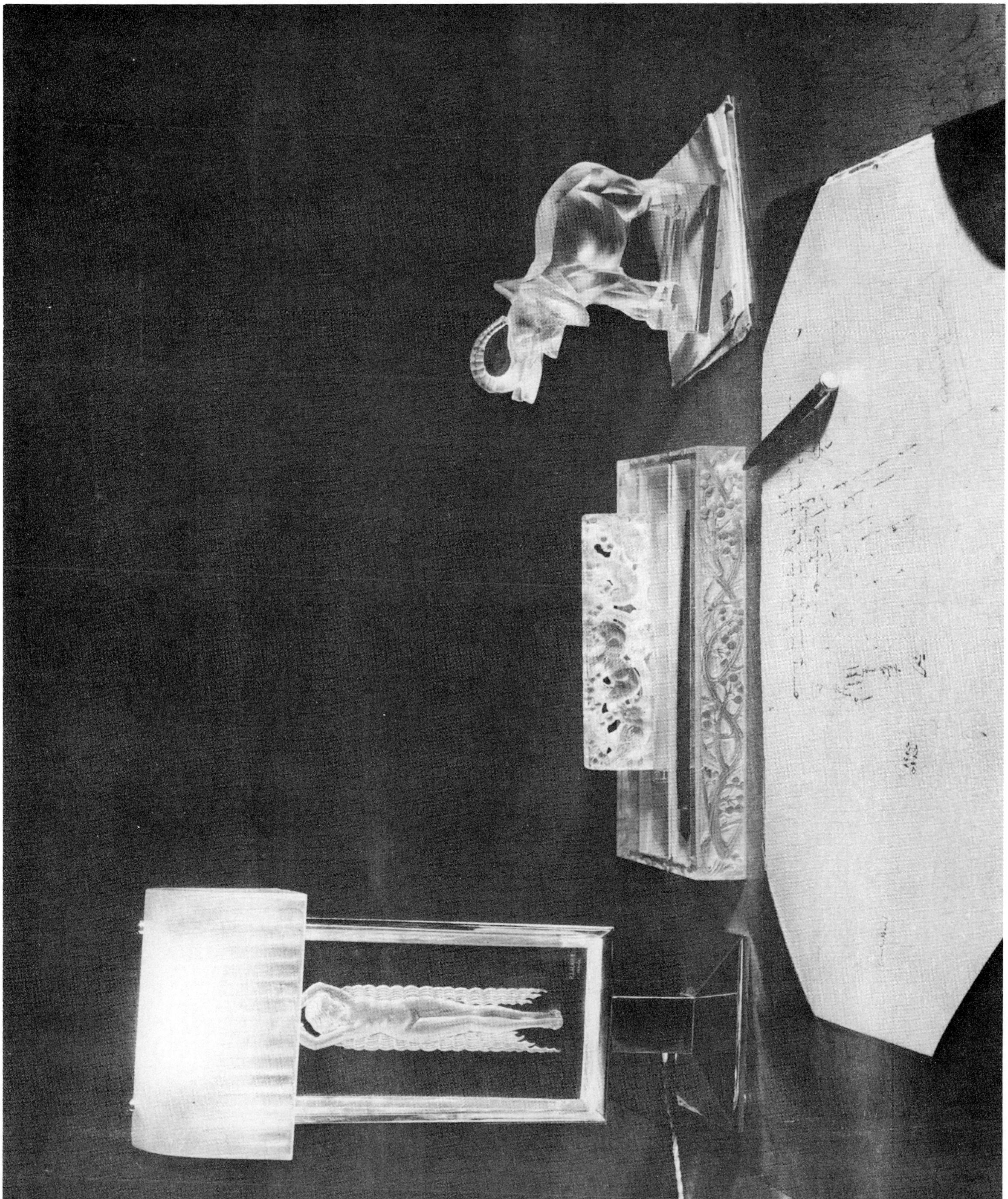

189 VASE FLEURS 60 mm.
195 ARMES D'ANGLETERRE 60 mm.
* 192 PAPILLON AILES FERMÉES 60 mm.
188 HIRONDELLES 55 mm.
187 PERRUCHES 55 mm.
** 192 PAPILLON AILES OUVERTES 50 mm
178 BLEUETS 45 mm.
196 DOUBLE MARGUERITE 40 mm.
179 ANNEAU LÉZARDS 45 mm.

*** Lire : 192 Papillon ailes ouvertes 50 mm.**

**** Lire : 190 Papillon ailes fermées 30 mm.**

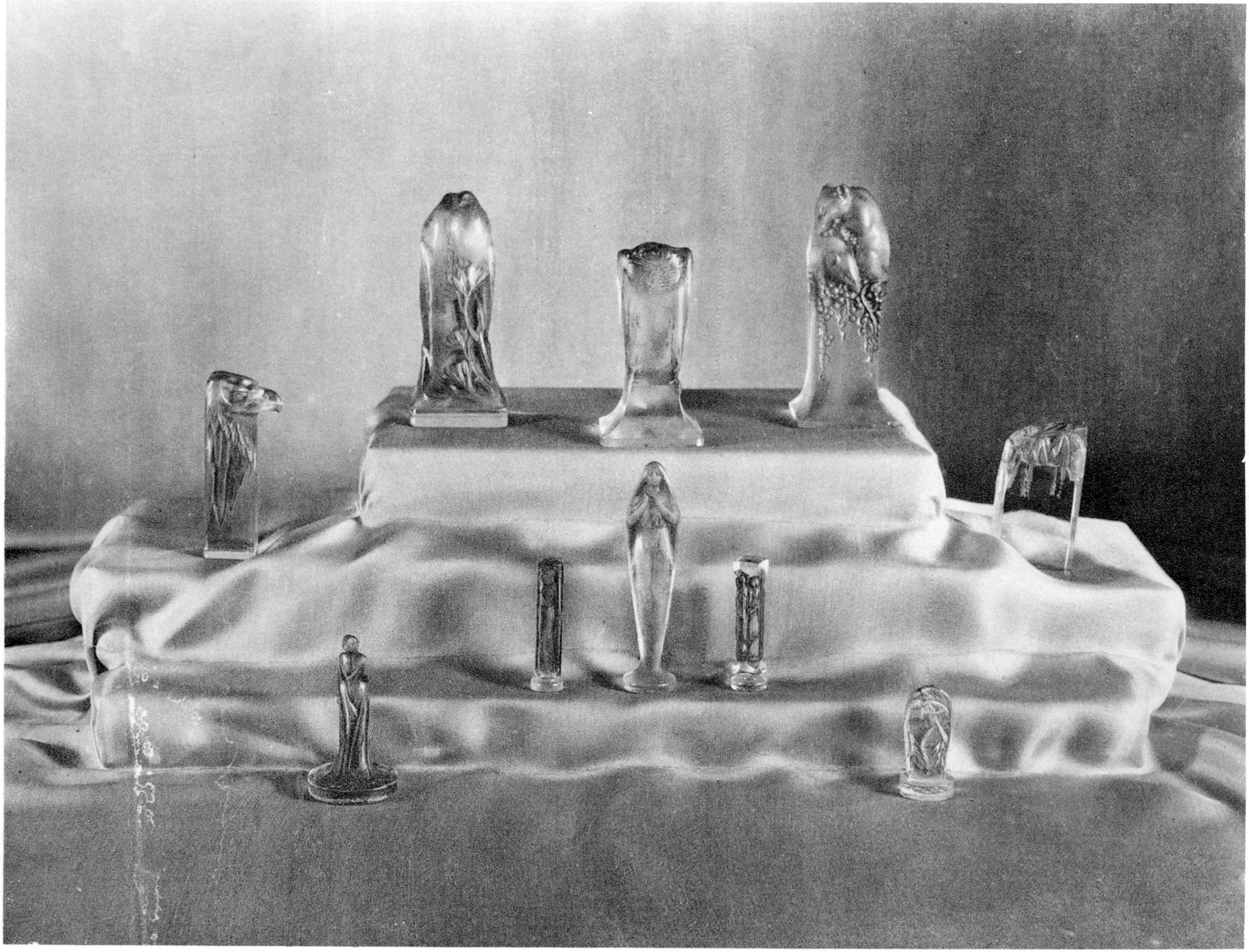

186 PIGEONS 100 mm. 184 AIGLE 90 mm. 185 SOURIS 105 mm.
175 TÊTE D'AIGLE 78 mm. 180 MOUCHE 65 mm.
176 4 FIGURINES FACE 55 mm. 209 FIGURINE MAINS JOINTES 95 mm. 177 4 FIGURINES ANGLE 55 mm.
181 STATUETTE DRAPÉE 63 mm. 210 VICTOIRE 45 mm.

194 2 DANSEUSES 60 mm. 197 PAPILLONS 65 mm. 213 CIGOGNES 70 mm.
200 2 FIGURINES ET FLEURS 60 mm. 193 FIGURINE DANS LES FLEURS 65 mm. 198 2 PERRUCHES ET FLEURS 65 mm.
202 FIGURINE SE BALANÇANT 69 mm. 201 FIGURINE AILÉE 69 mm.
211 SIRÈNES 70 mm. 212 FUCHSIAS 70 mm.

216 CHIEN 85 mm. 214 LAPIN 57 mm. 218 SOURIS 57 mm. 219 CANARD 63 mm.

215 DINDON 64 mm. 220 MOINEAU 50 mm. 217 RENARD 45 mm. 183 SAUTERELLE 40 mm. 182 POISSON 45 mm.

253 MUGUETS 100 mm.

257 HIRONDELLES 130 mm.

263 GUIRLANDES 100 mm.

254 BLEUETS 245 mm.

259 ÉTOILES 160 mm.

260 LYS 220 mm.

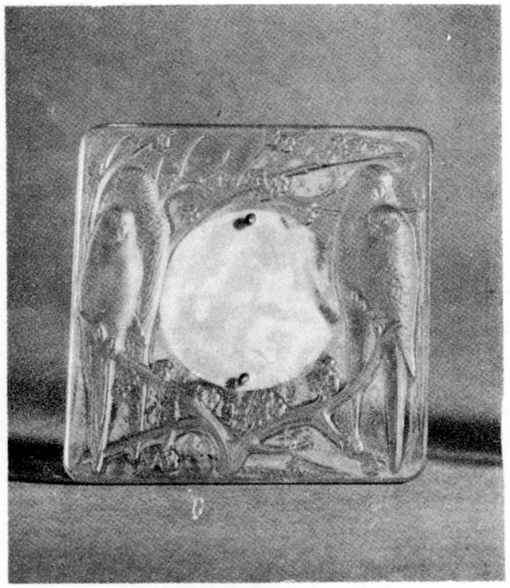

258 INSÉPARABLES 110 mm.

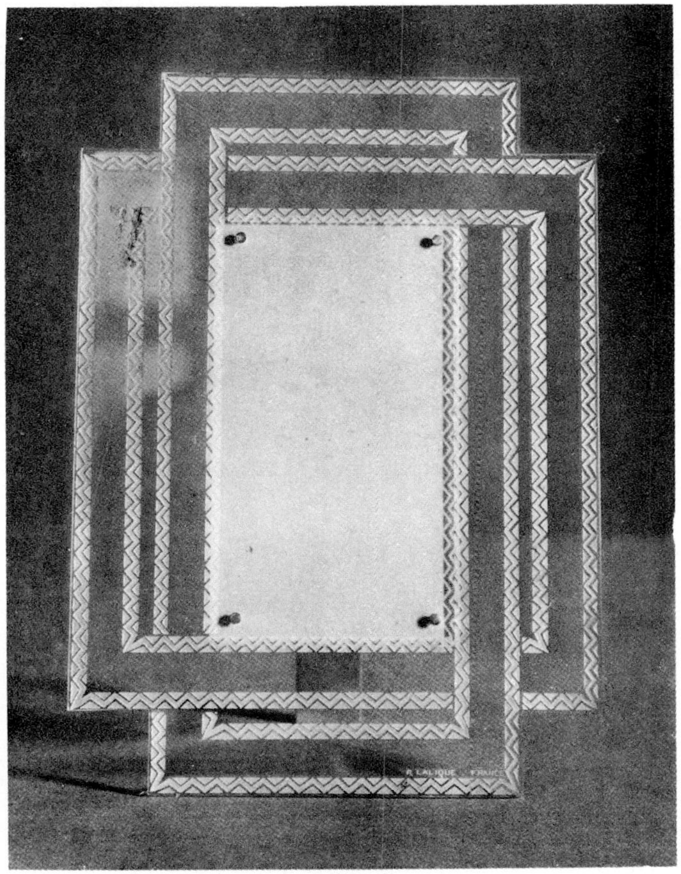

255 LAUREA GRAND MODÈLE 165 mm.

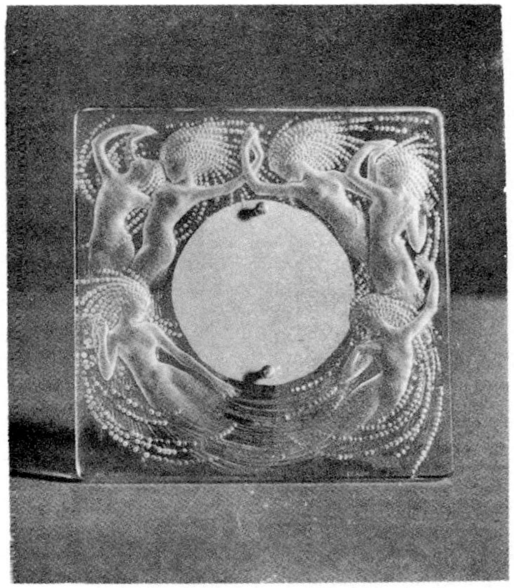

264 NAIADES 113 mm.

250 2 FIGURINES ET FLEURS 130 mm

256 BERGERONETTES 153 mm.

285 LAPIN 120 mm.

283 CANARD 120 mm.

284 MOINEAU 120 mm.

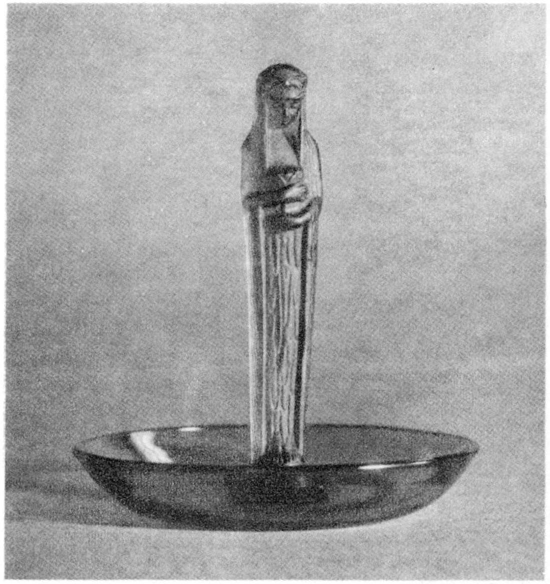

288 STATUETTE 120 mm.

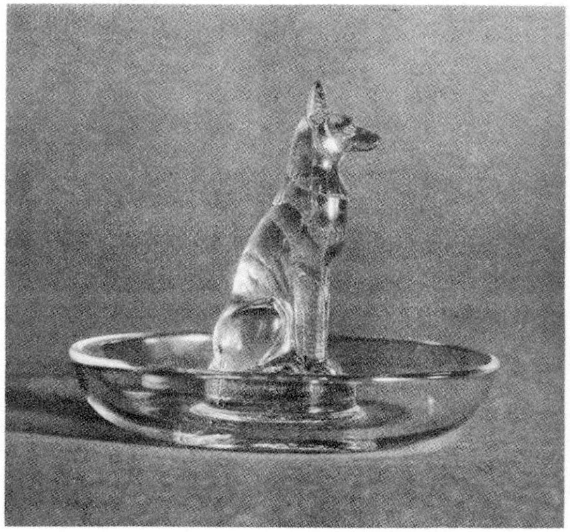

290 CHIEN 120 mm.

286 SOURIS 120 mm.

291 RENARD 120 mm.

287 DINDON 120 mm.

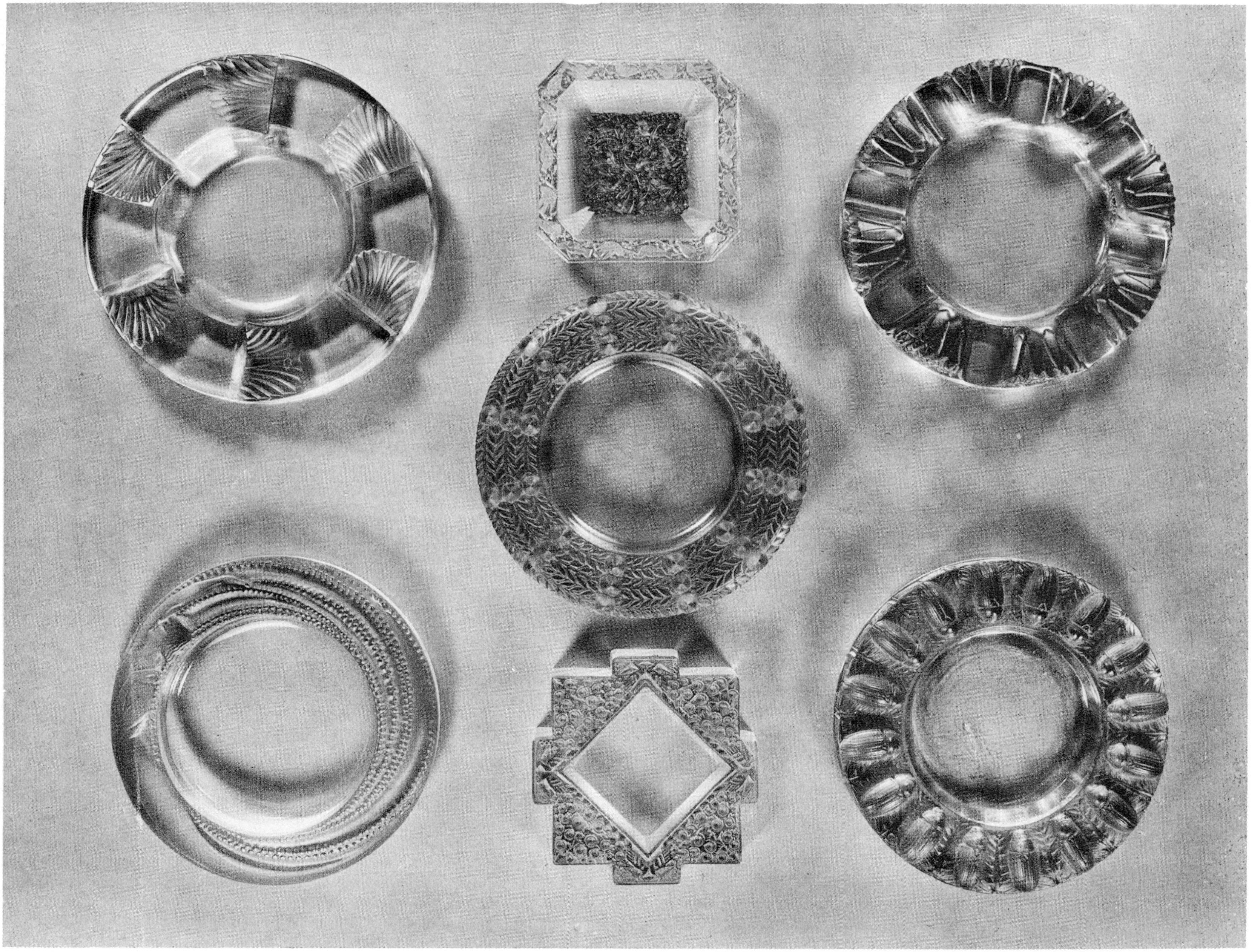

294 CUBA 148 mm.
293 ANTHÉOR 138 mm.

303 ANNA 86 mm.
308 SUMATRA 139 mm.
307 VARÈSE 90 mm.

298 MARTINIQUE 140 mm.
295 TABAGO 140 mm.

296	JAMAÏQUE	140 mm.	305	NICOLE	87 mm.	297	GRENADE	138 mm.
282	FAUVETTE	175 mm.	280	MÉDICIS	145 mm.	275	ZÉPHYRS	80 mm.
			300	SIMONE	98 mm.	281	VÉZELAY	115 mm.

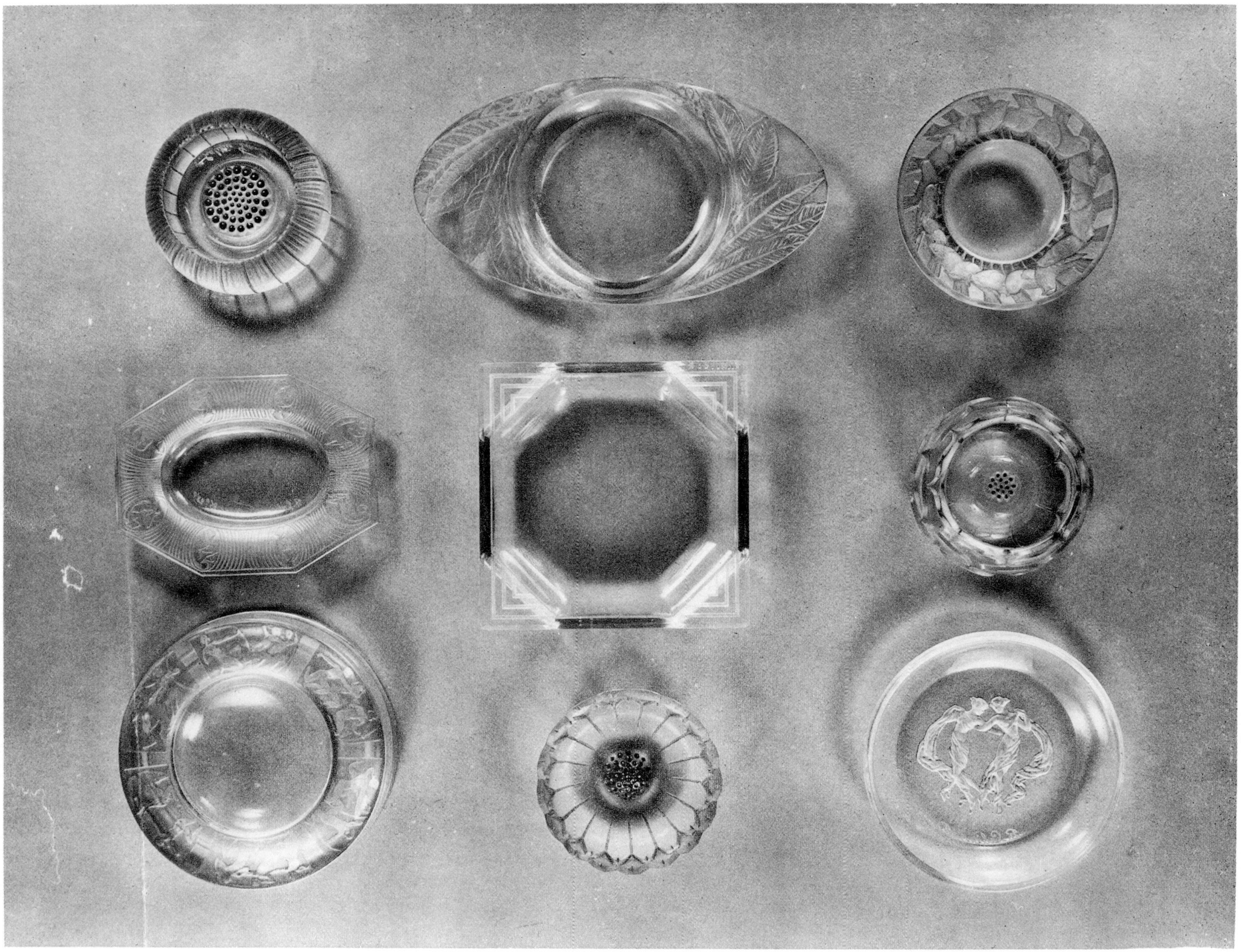

302	BERTHE	73 mm.	279	FEUILLES	170 mm.	304	IRÈNE	94 mm.
289	ALICE	110 mm.	306	MARSAN	115 mm.	301	LOUISE	75 mm.
278	ARCHERS	110 mm.	299	PAQUERETTE	77 mm.	292	TRIANON	110 mm.

433 ESCARGOTS 150 mm.

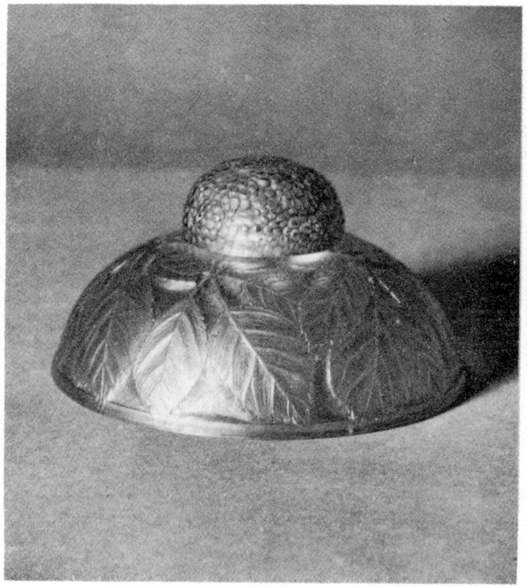

437 CERNAY 155 mm.

431 MURES 150 mm.

430 PIGEONS 428 AIGLE 222 mm. 429 SOURIS

427 BICHES 150 mm.

425 NÉNUPHAR 85 mm.

426 3 PAPILLONS 98 mm.

440 MIRABEAU 257 mm.

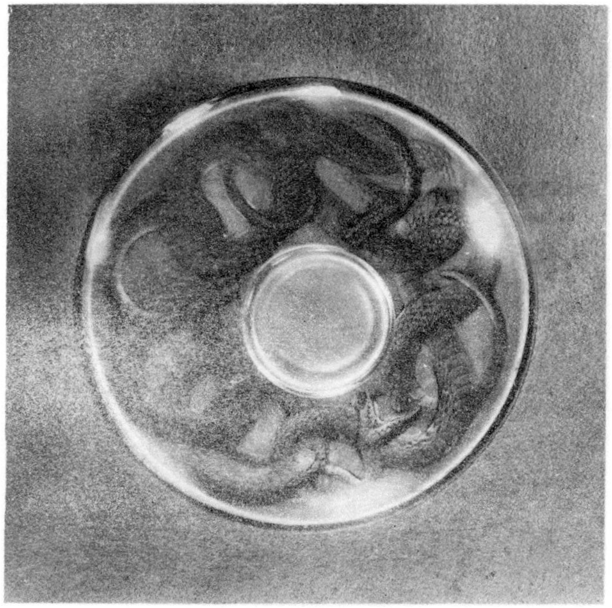

432 SERPENTS 150 mm.

439 SULLY 250 mm.

438 COLBERT 257 mm.

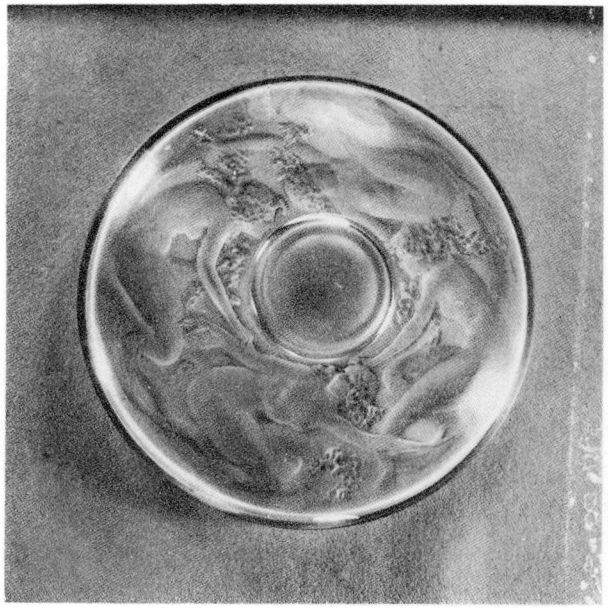

434 4 SIRÈNES 150 mm.

1139 TÊTE D'ÉPERVIER 61 mm.

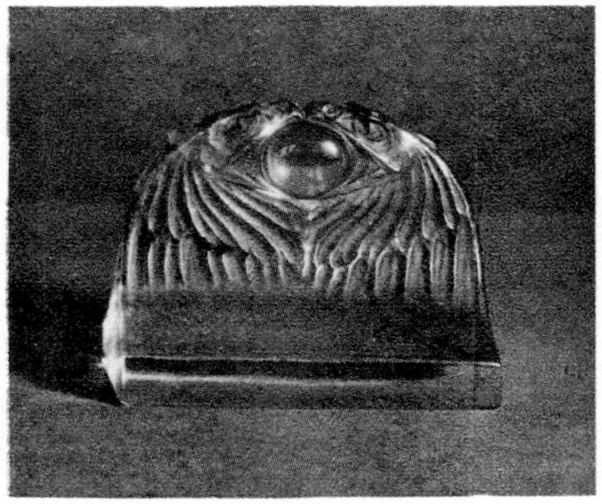

801 2 AIGLES 100 mm.

802 DOUBLE MARGUERITE 80 mm.

1136 TÊTE DE BÉLIER 90 mm.

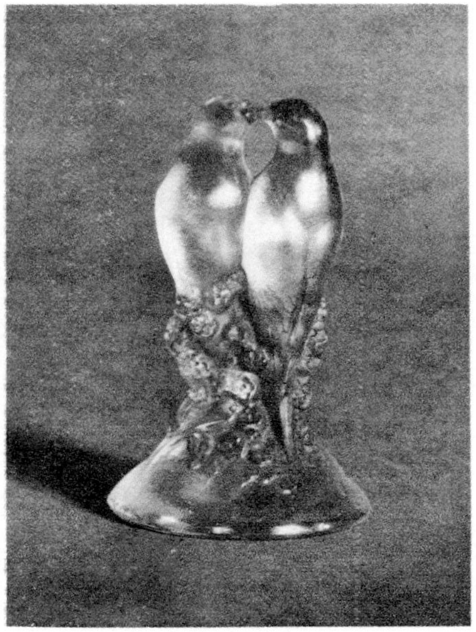

1128 2 TOURTERELLES 120 mm.

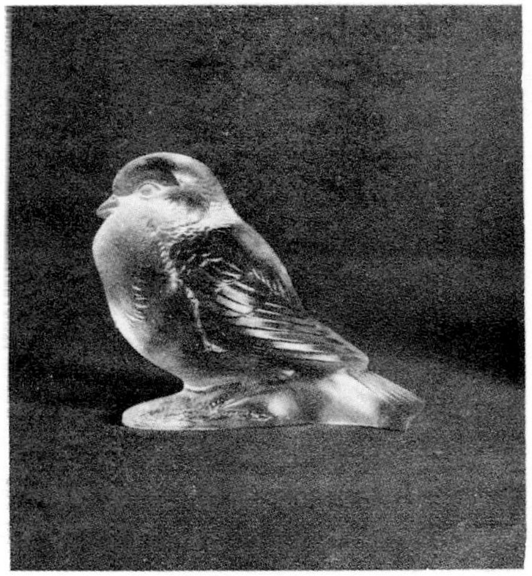

1149 MOINEAU FIER 97 mm.

1148 ANTILOPE 85 mm.

1176 BARBILLON 90 mm.

1146 GRENOUILLE 66 mm.

1168 DAIM 80 mm.

1137 TÊTE DE COQ 180 mm.

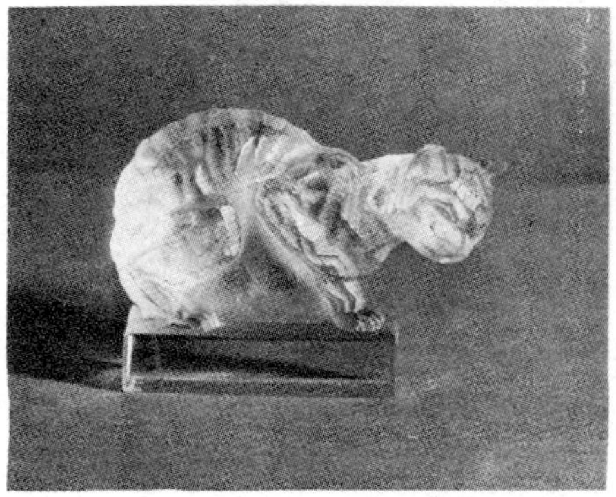

1162 CHAT 110 mm.

1152 LONGCHAMPS 155 mm.

1145 GRANDE LIBELLULE 210 mm.

1138 TÊTE D'AIGLE 107 mm.

1158 PERCHE 180 mm.

1135 COQ NAIN 205 mm.

1126 ARCHER 130 mm.

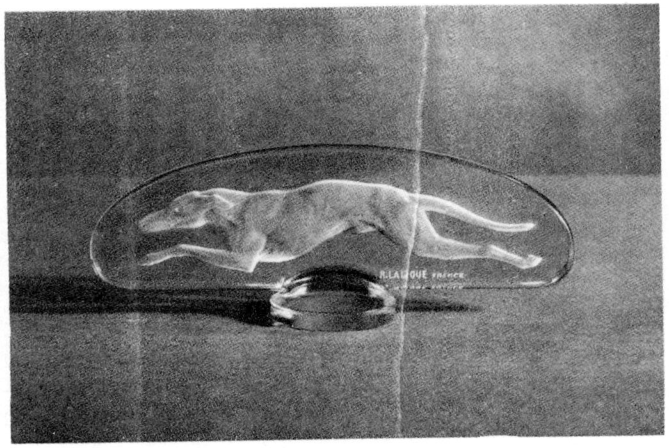

1141 LÉVRIER 200 mm.

1142 SAINT CHRISTOPHE 130 mm.

1154 MOINEAU AILES CROISÉES (sur socle) 125 mm.

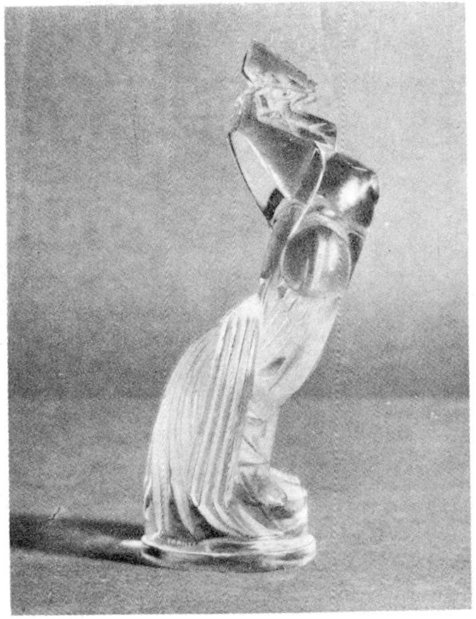

1161 COQ HOUDAN 200 mm.

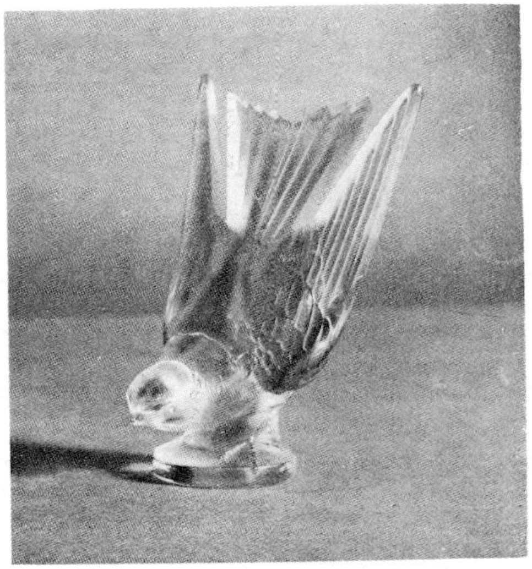

1143 HIRONDELLE 150 mm.

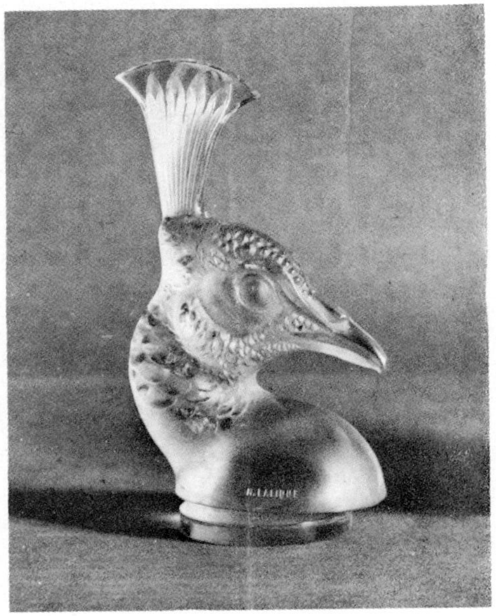

1140 TÊTE DE PAON 177 mm.

1157 SANGLIER 93 mm.

1159 CHEVAL 63 mm.

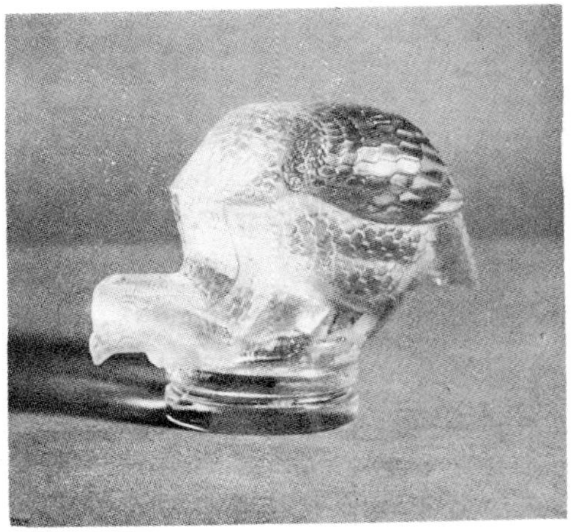

1164 PINTADE 100 mm.

728 LE JOUR ET LA NUIT 374 mm.

726 2 FIGURINES 370 mm.

762 BOUQUET DE MARGUERITES 150 mm.

761 5 HIRONDELLES 150 mm.

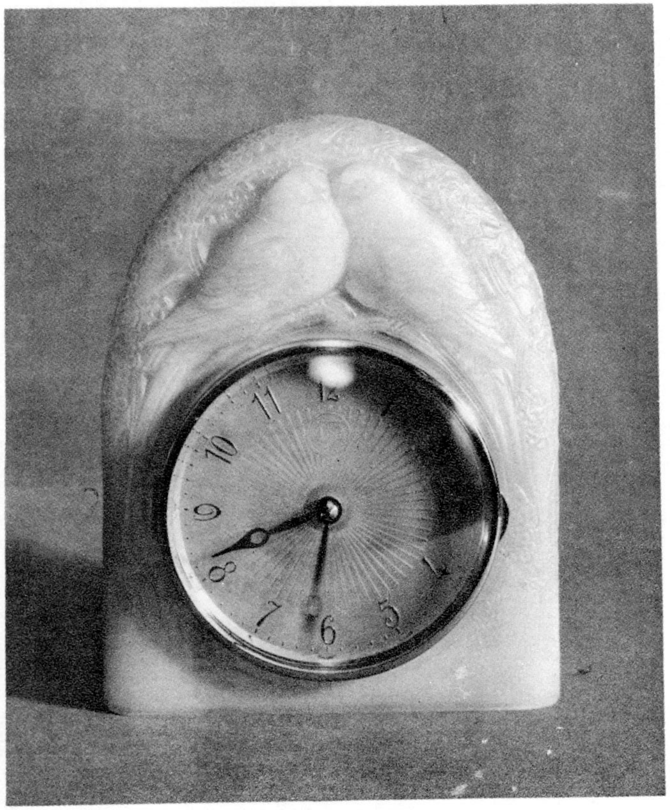

727 2 COLOMBES 222 mm.

764 NAIADES 113 mm.

765 INSÉPARABLES 110 mm.

725 FEUILLES 170 mm.

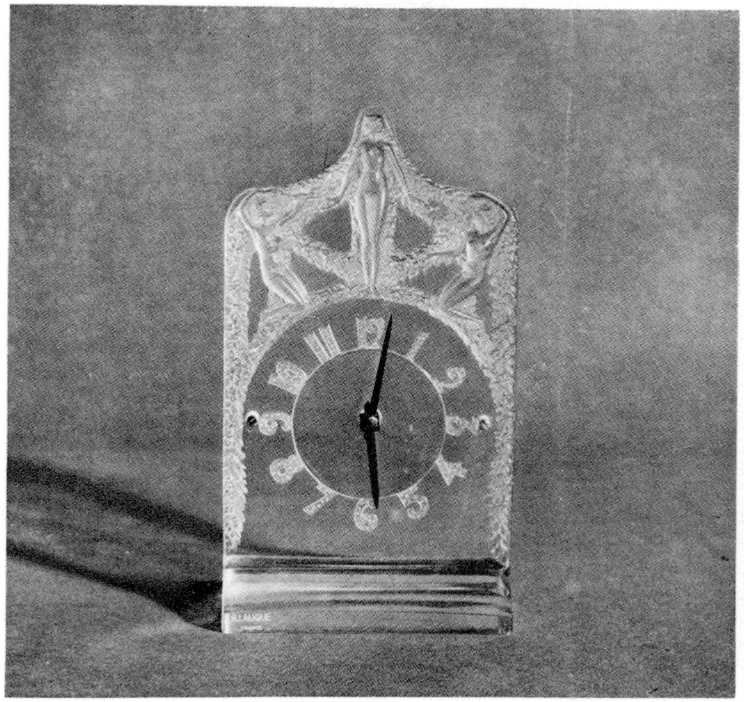

736 HÉLÈNE 200 mm.

760 4 PERRUCHES 150 mm.

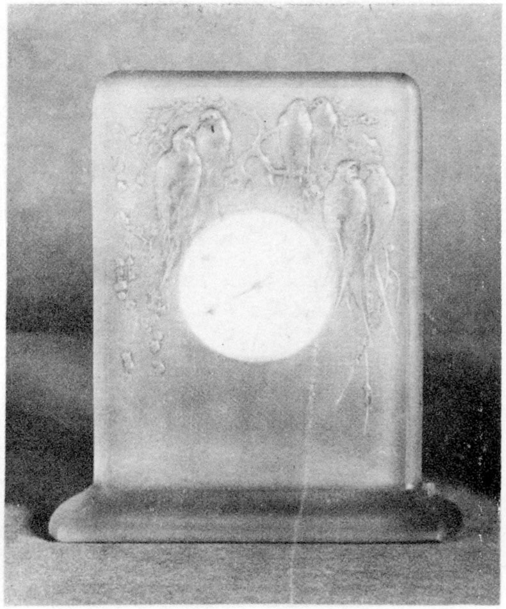

763 6 HIRONDELLES 150 mm.

729 SIRÈNES 280 mm.

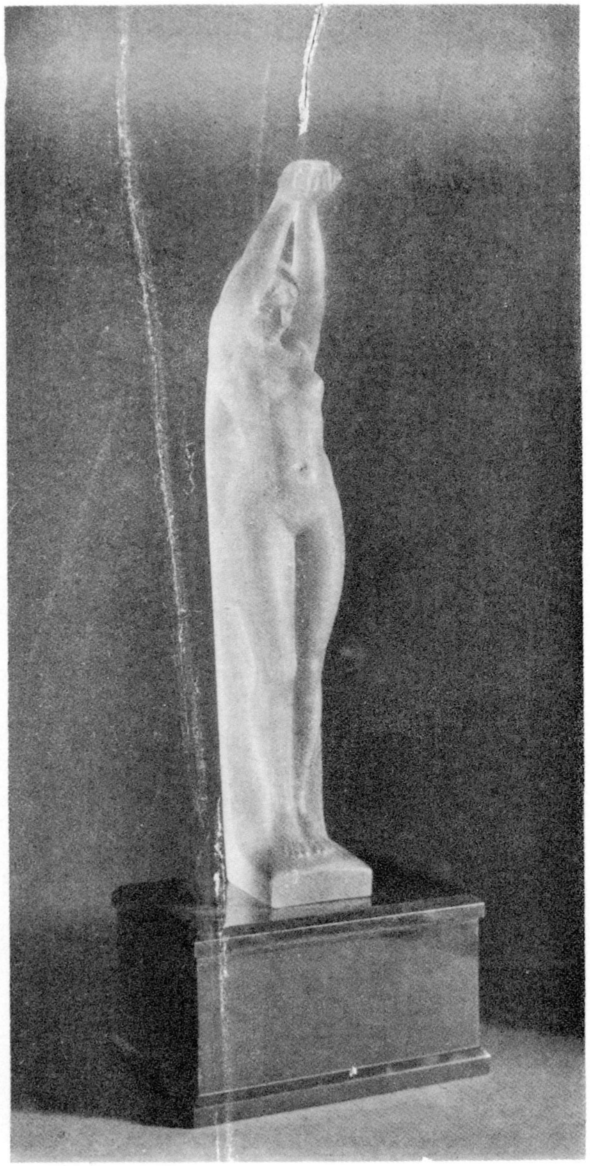

835 GRANDE NUE (bras levés) 660 mm.

1160 VITESSE 185 mm

832 NAIADE 130 mm.

836 GRANDE NUE (socle bois) 410 mm.
Longs cheveux

R. LALIQUE

STATUETTES

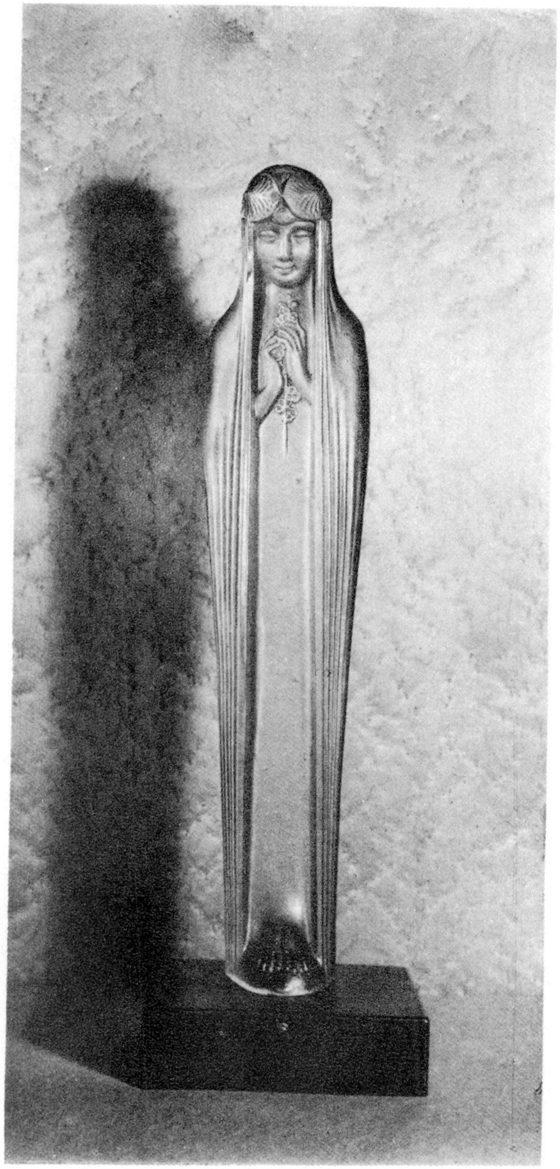

837 SOURCE DE LA FONTAINE 700 mm.

848 SOURCE DE LA FONTAINE 470 mm.

841 SOURCE DE LA FONTAINE 630 mm.

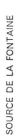

829 MOYENNE VOILÉE 150 mm.

831 SIRÈNE 100 mm.

830 MOYENNE NUE 150 mm.

834 THAIS 230 mm.

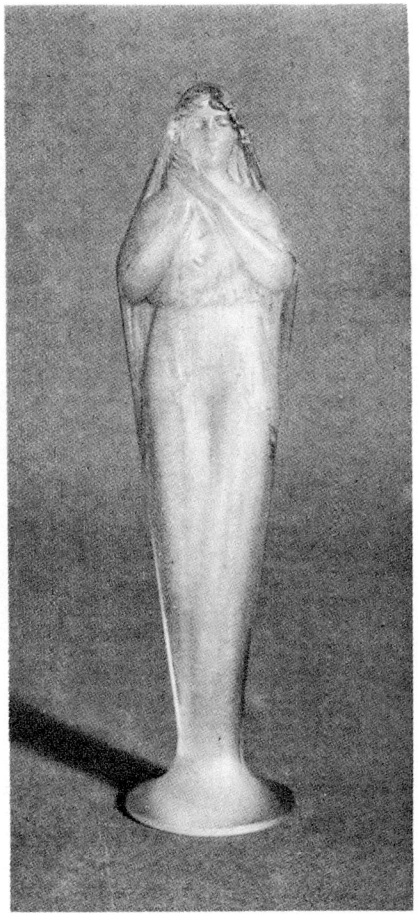
828 VOILÉE, MAINS JOINTES 280 mm.

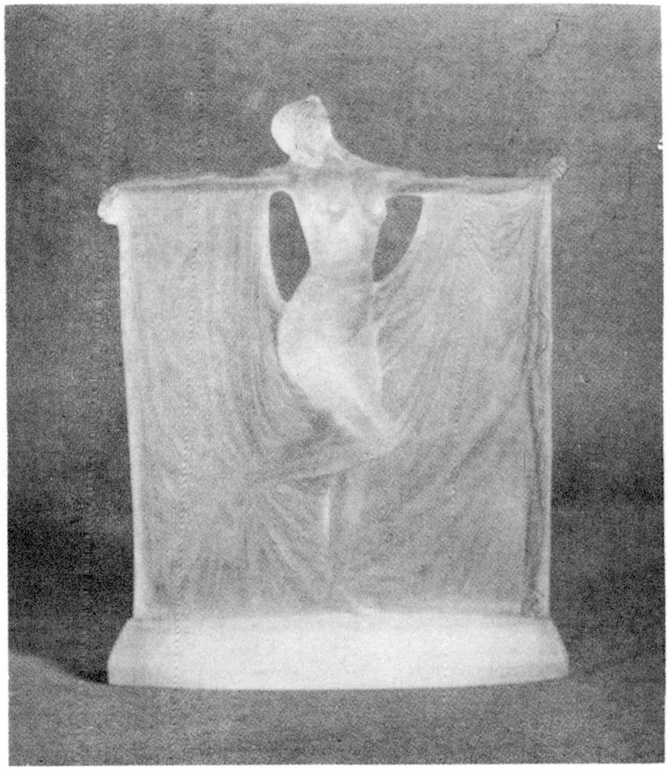
833 SUZANNE 230 mm.

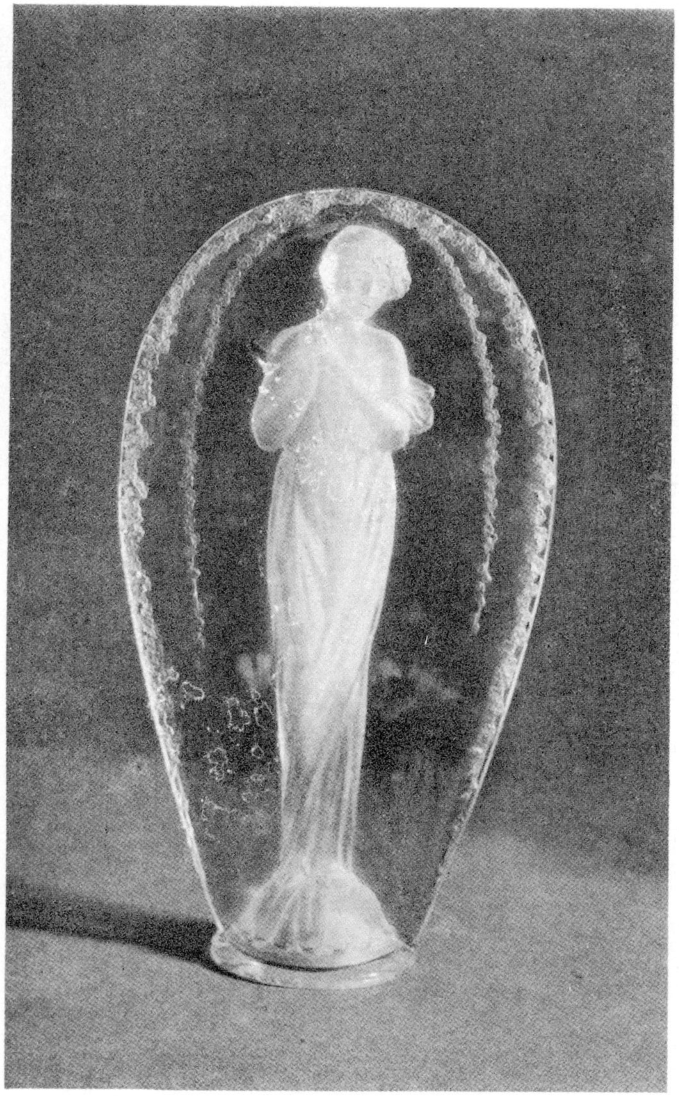

827 TÊTE PENCHÉE 370 mm.

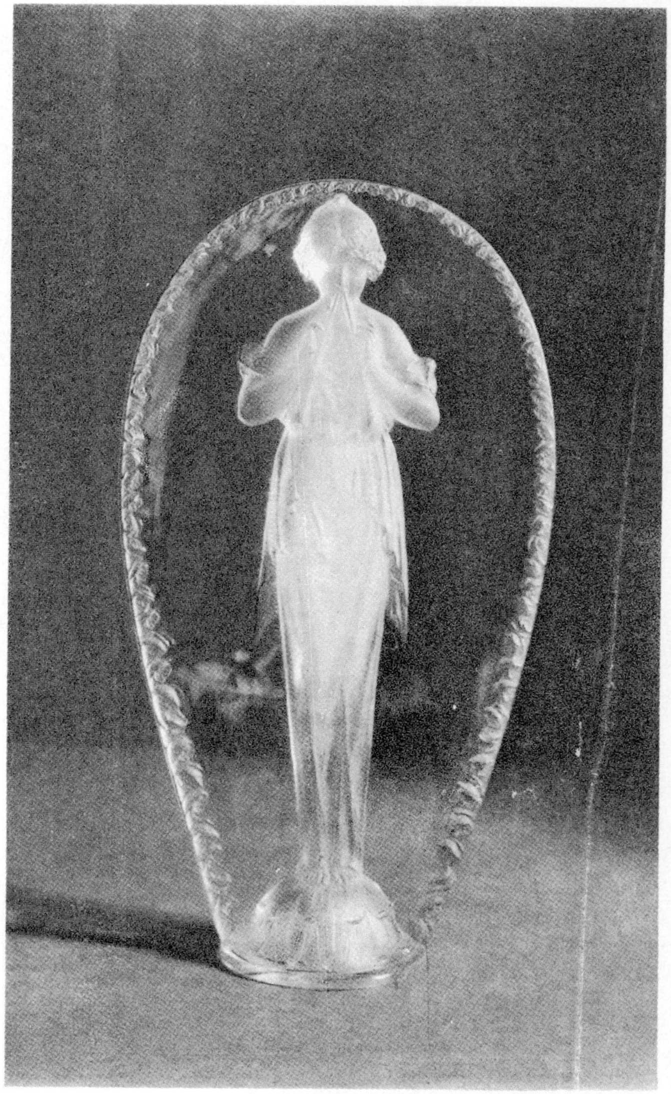

826 JOUEUSE DE FLUTE 370 mm.

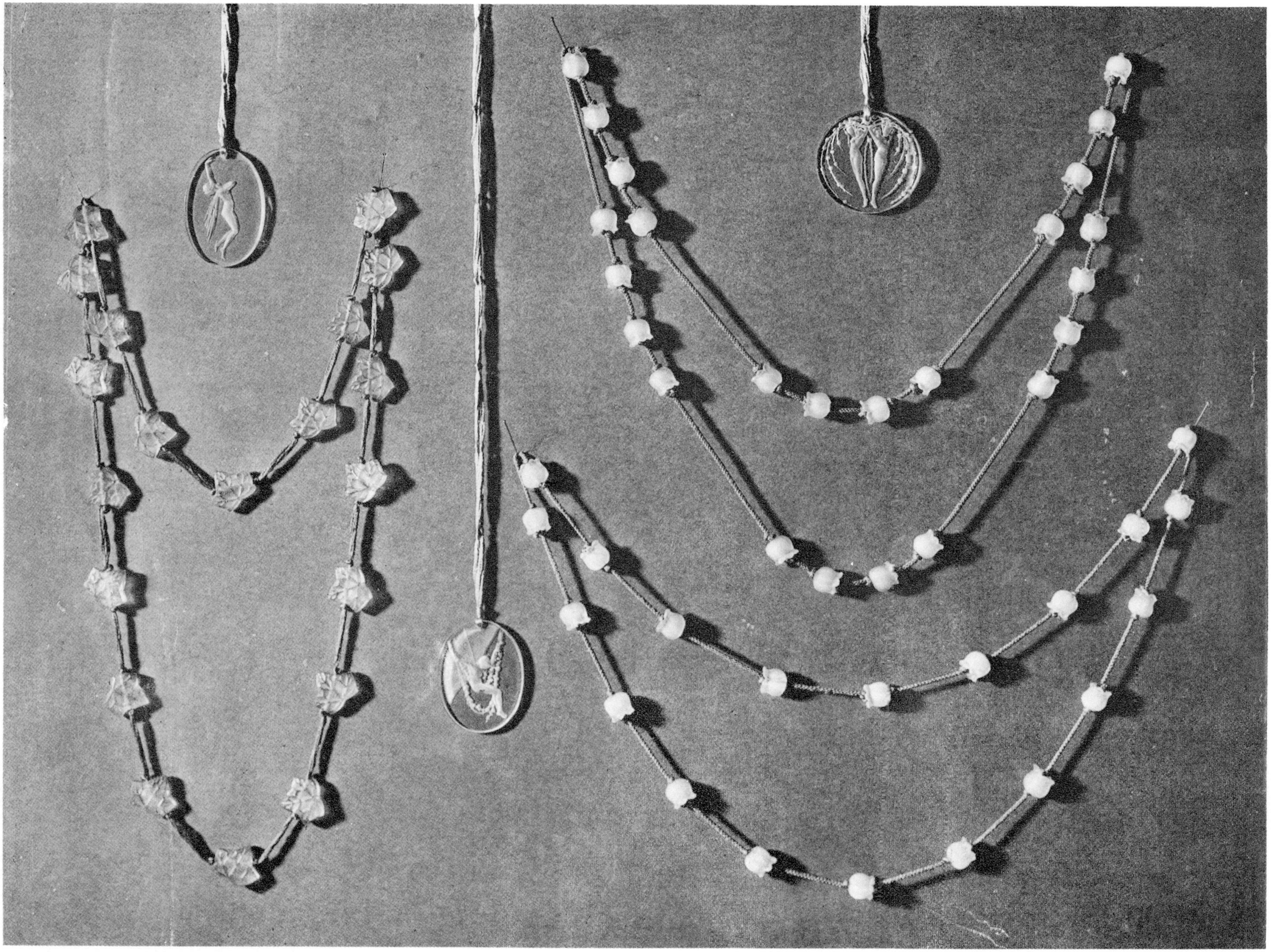

1640 PENDENTIF OVALE FIGURINE AILÉE 60 mm.
1505 COLLIER LIERRE 24 mm.
1641 PENDENTIF OVALE FIGURINE SE BALANÇANT 60 mm.
1642 PENDENTIF ROND 2 FIGURINES ET FLEURS 55 mm.
1510 COLLIER MUGUET 24 MOTIFS 14 mm.
1509 COLLIER MUGUET 20 MOTIFS 14 mm.

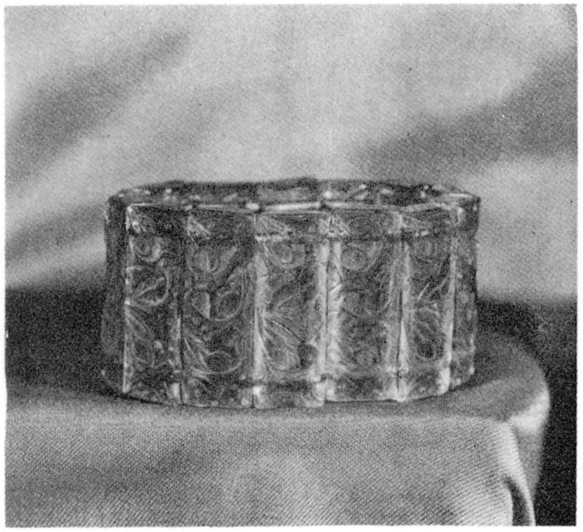

1334 BRACELET MÉSANGES 38 mm.

1340 BRACELET MUGUET HAUT 34 mm.

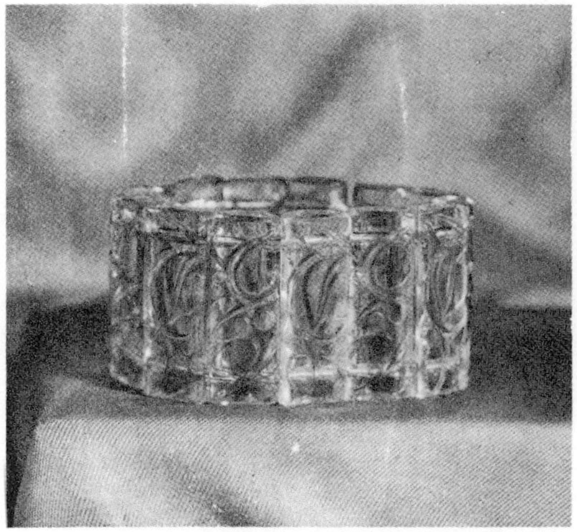

1332 BRACELET SOPHORA 37 mm.

1333 BRACELET COQS 33 mm.

1331 BRACELET FOUGÈRES 34 mm.

1330 BRACELET POUSSINS 25 mm.

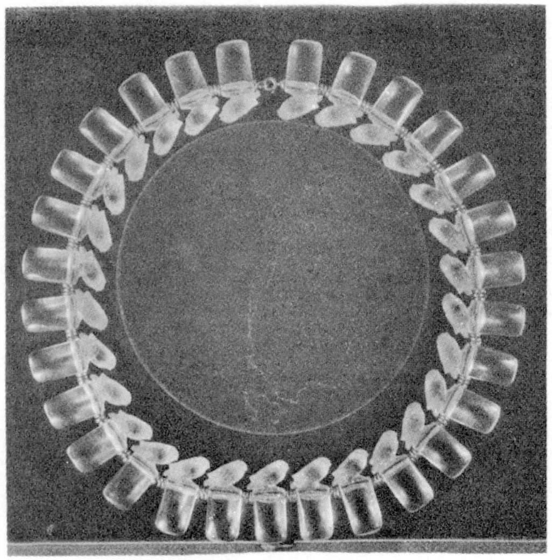

1516 COLLIERS DÉCORS DIVERS

1341 BRACELET MUGUET BAS 19 mm.

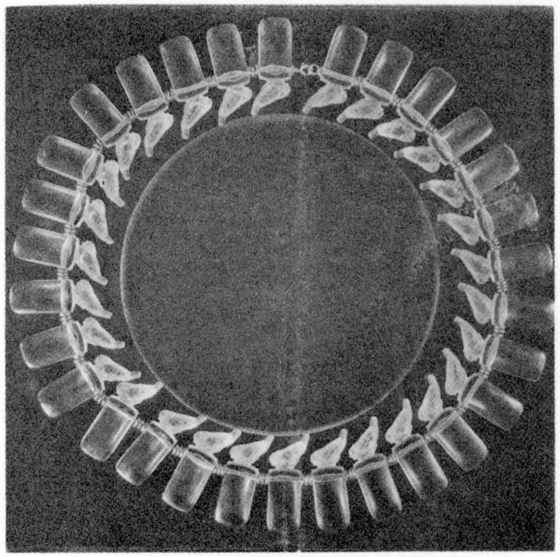

1516 COLLIERS DÉCORS DIVERS

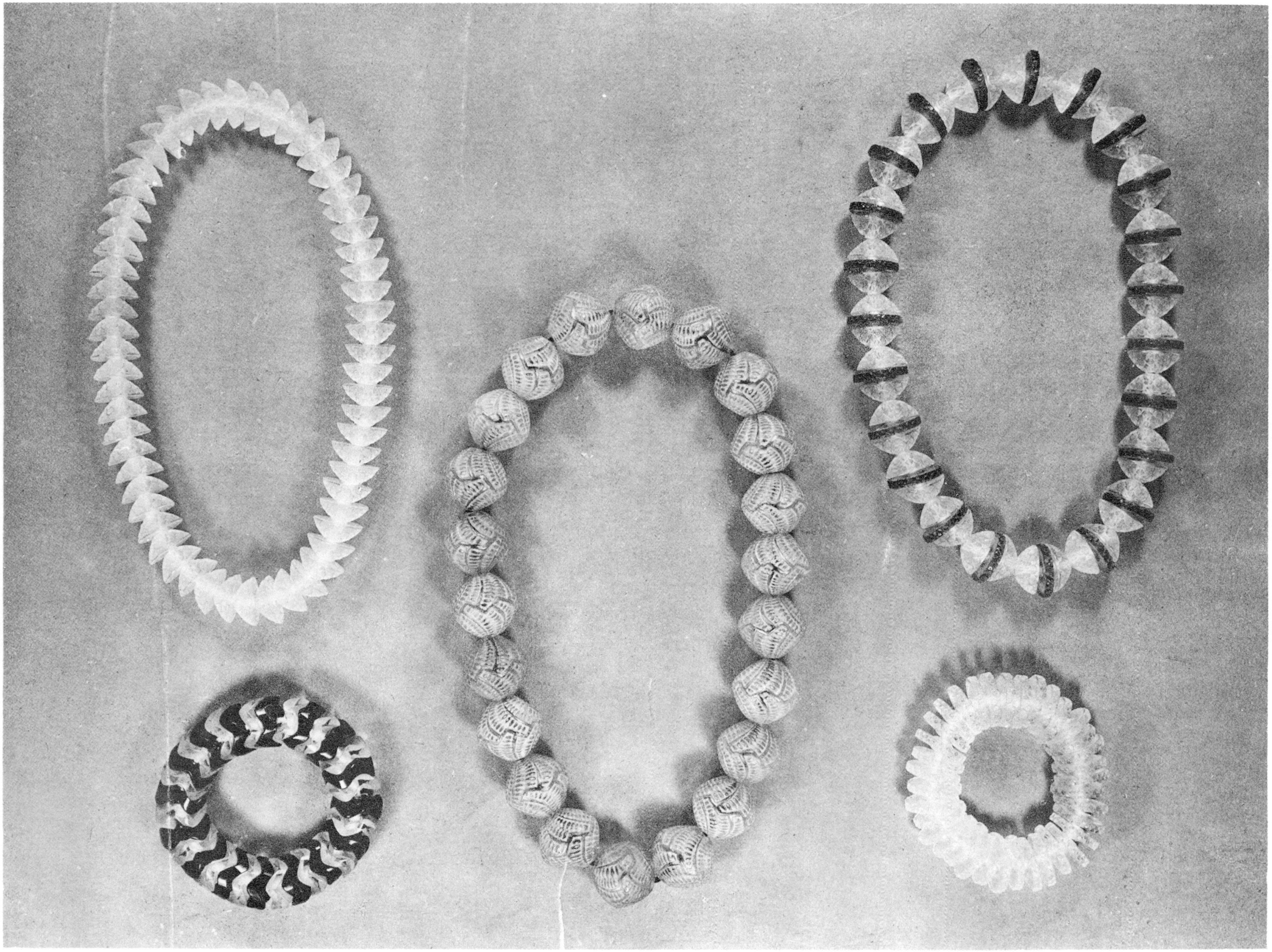

1511 COLLIER DAHLIAS 20 mm.
1327 BRACELET ZIG-ZAG 20 mm.

1515 COLLIER FOUGÈRES 25 mm.

1513 COLLIER BOULES DAHLIAS ET RONDELLES PLATES 20 mm.
1328 BRACELET RONDELLES PLATES 20 mm.

1147 VICTOIRE 256 mm.

1160 VITESSE 185 mm.

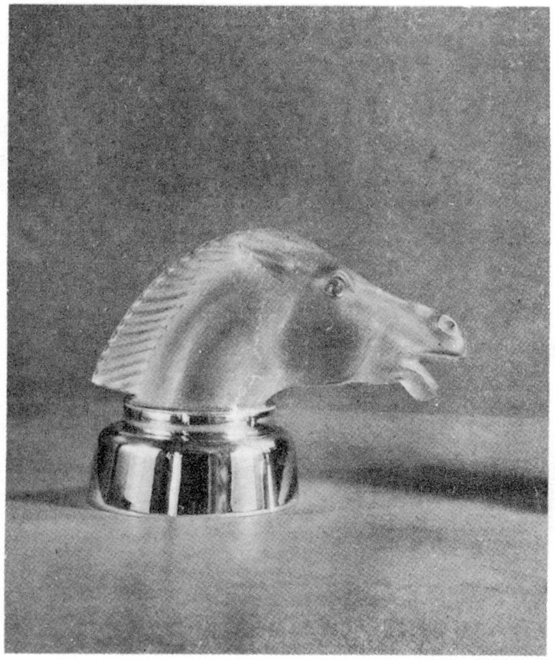

1153 EPSOM 182 mm.

1135 COQ NAIN 205 mm.

(Autres modèles voir : PRESSE-PAPIERS. Pl. 75 à 77)

1144 PETITE LIBELLULE 162 mm.

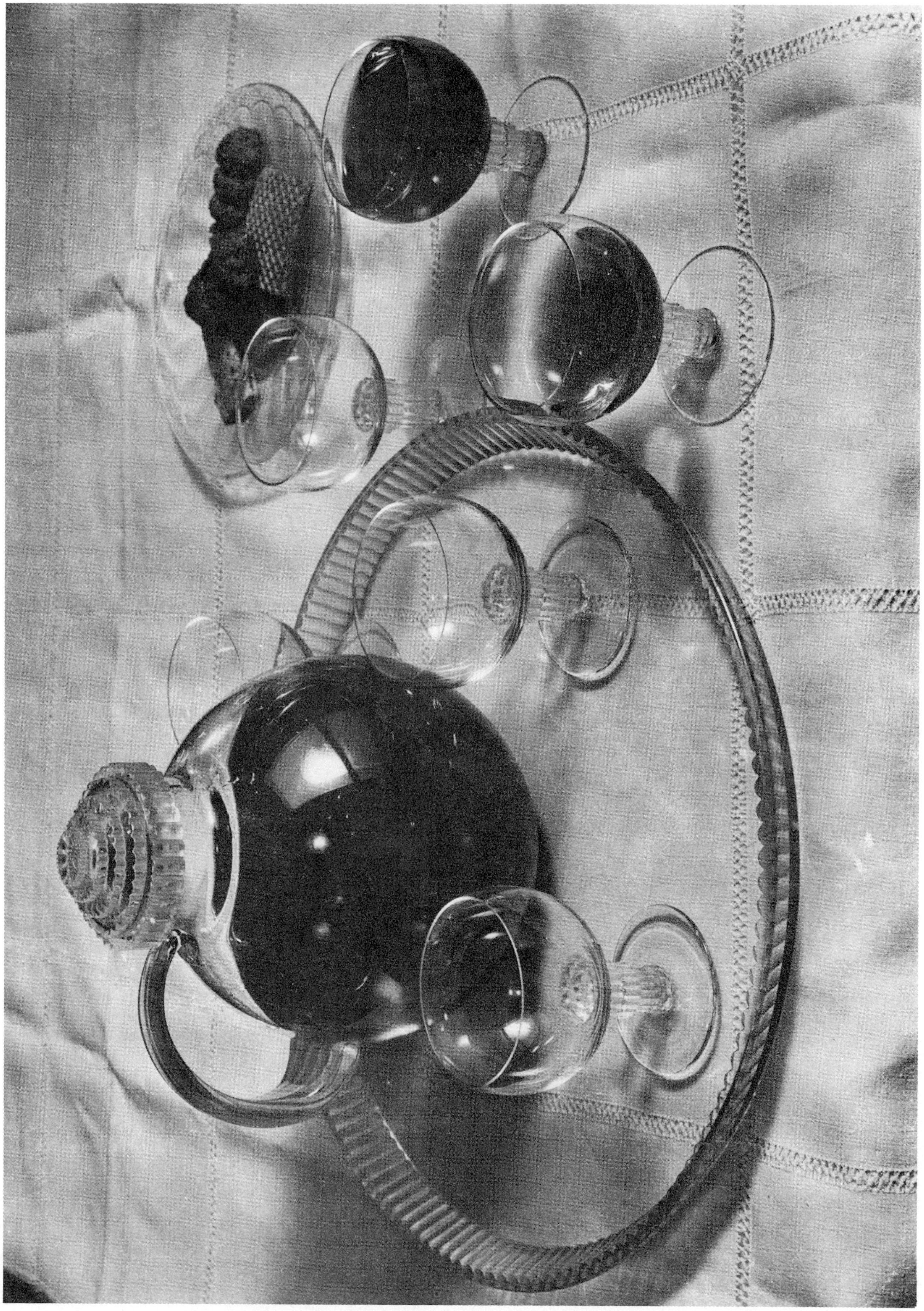

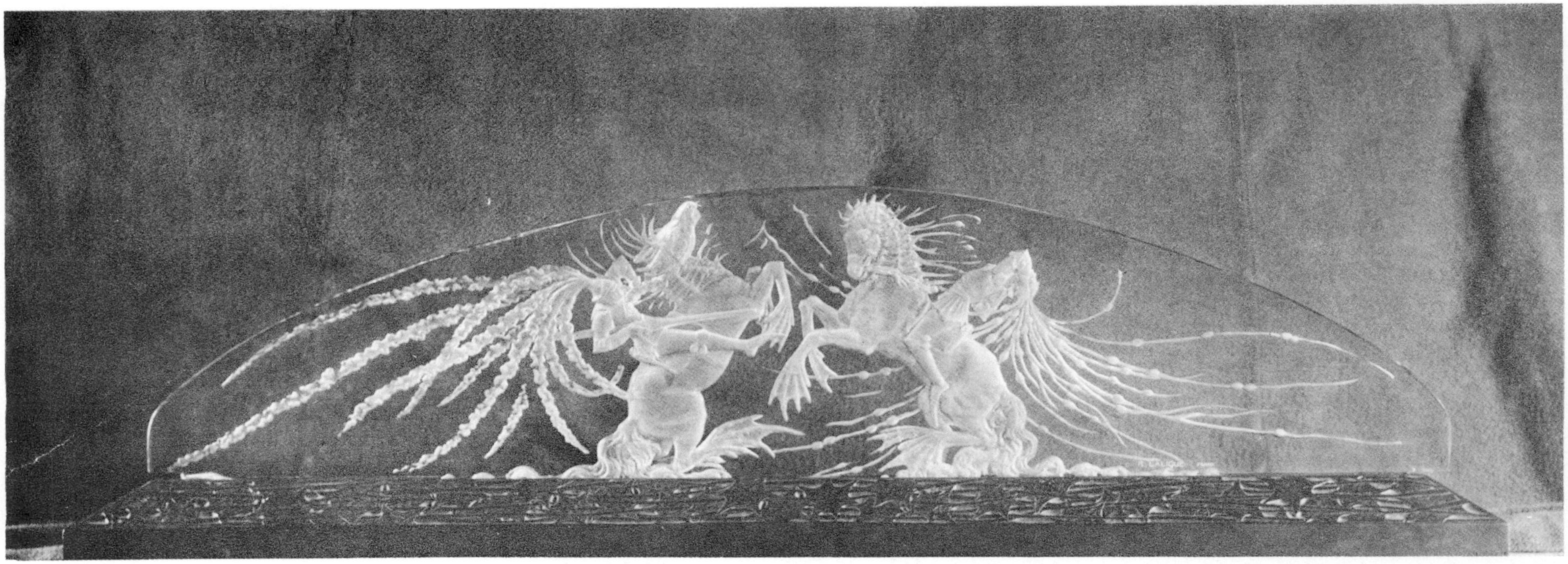

1109 DEUX CAVALIERS 910 mm.

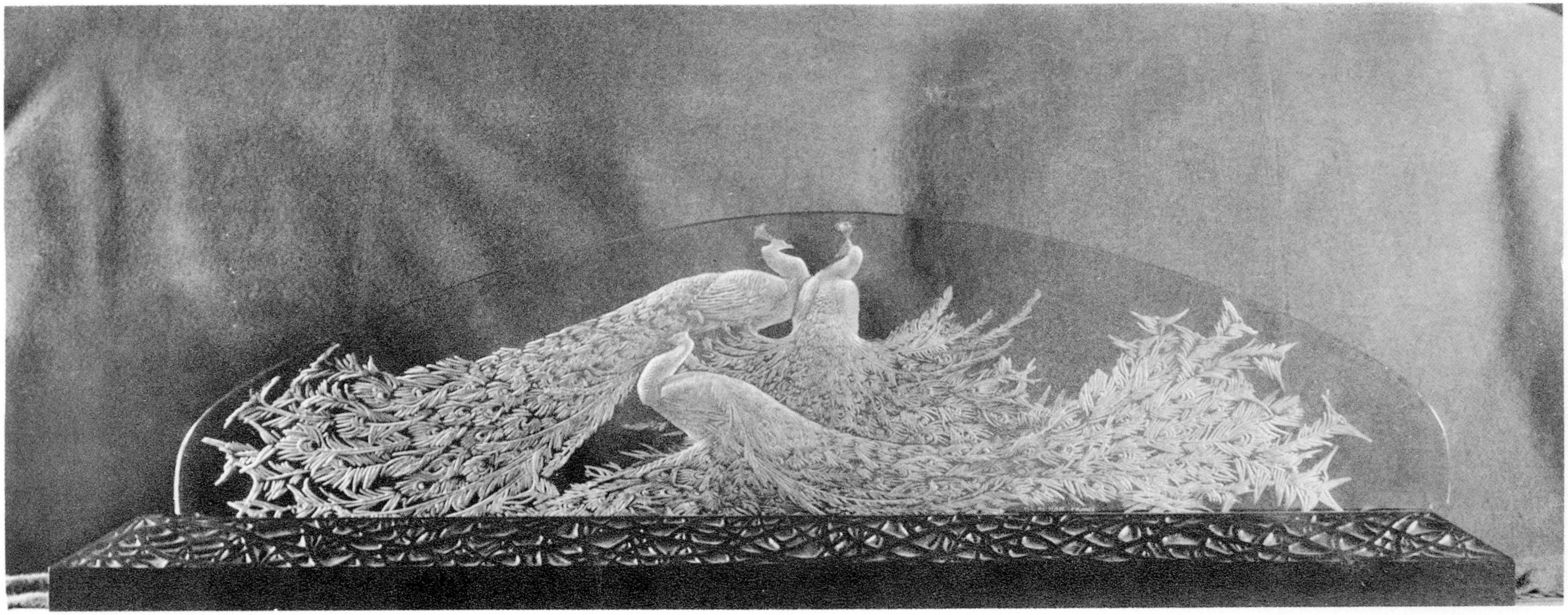

1110 TROIS PAONS 910 mm.

1171 FAUVETTES A 380 mm.

1172 FAUVETTES B 380 mm.

1173 FAUVETTES C 380 mm.

1170 YESO 520 mm.

1100 GROS POISSON VAGUES 310 mm.

1101 GROS POISSON ALGUES 290 mm.

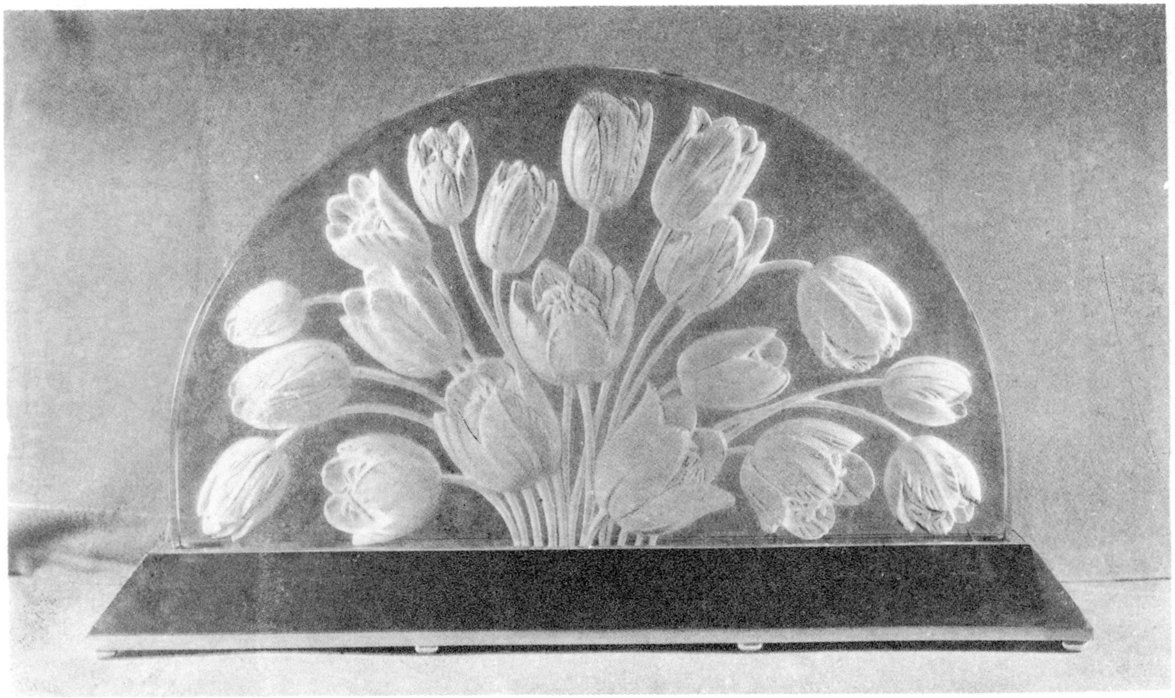

1177 TULIPES 655 mm.

1106 HIRONDELLES SOCLE VERRE 370 mm.

1107 HIRONDELLES SOCLE BRONZE 360 mm.

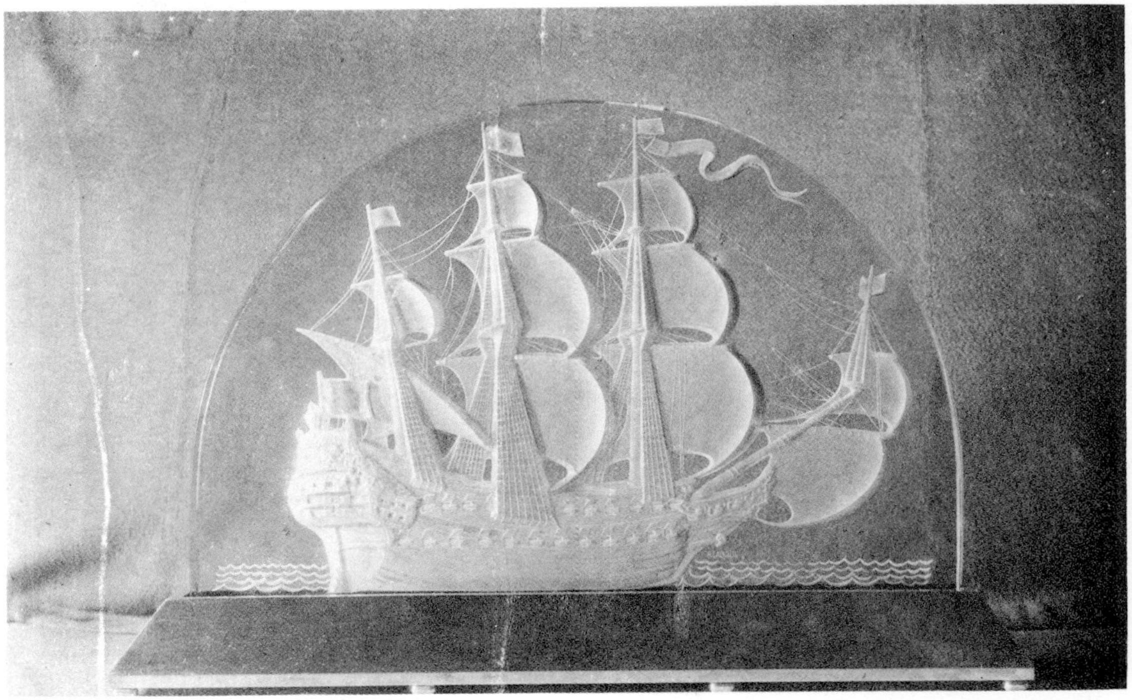

1169 CARAVELLE 640 mm.

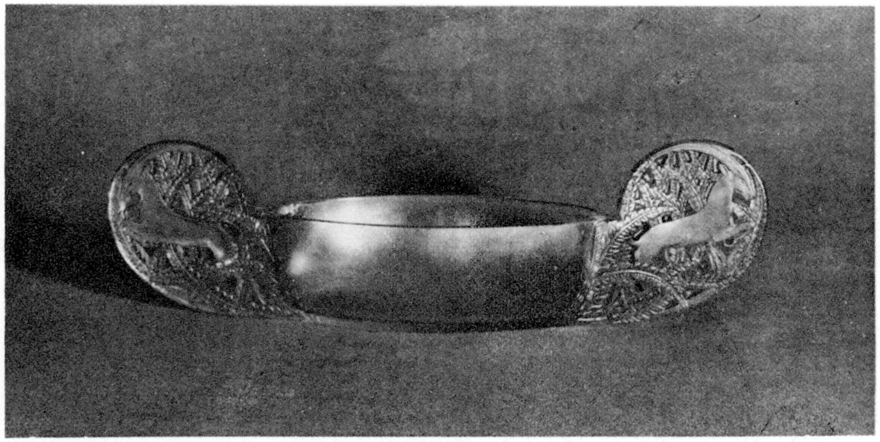

3461 JARDINIÈRE SAINT-HUBERT 485 mm.

3462 JARDINIÈRE MÉSANGES 535 mm.

1111 OISEAU DE FEU 430 mm.

MOINEAUX SUR SOCLE 120 mm.

1156 AILES FERMÉES 1155 AILES OUVERTES 1154 AILES CROISÉES

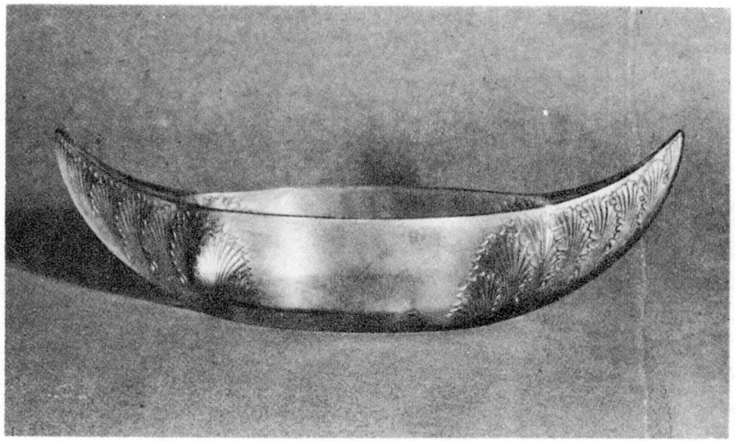

3460 JARDINIÈRE ACANTHES 455 mm.

1108 4 DANSEUSES 220 mm.

1174 NID D'OISEAUX 475 mm.

MOINEAUX 120 mm.

1150 HARDI
1167 MOQUEUR
1165 COQUET

1149 FIER
1151 TIMIDE
1166 SOURNOIS

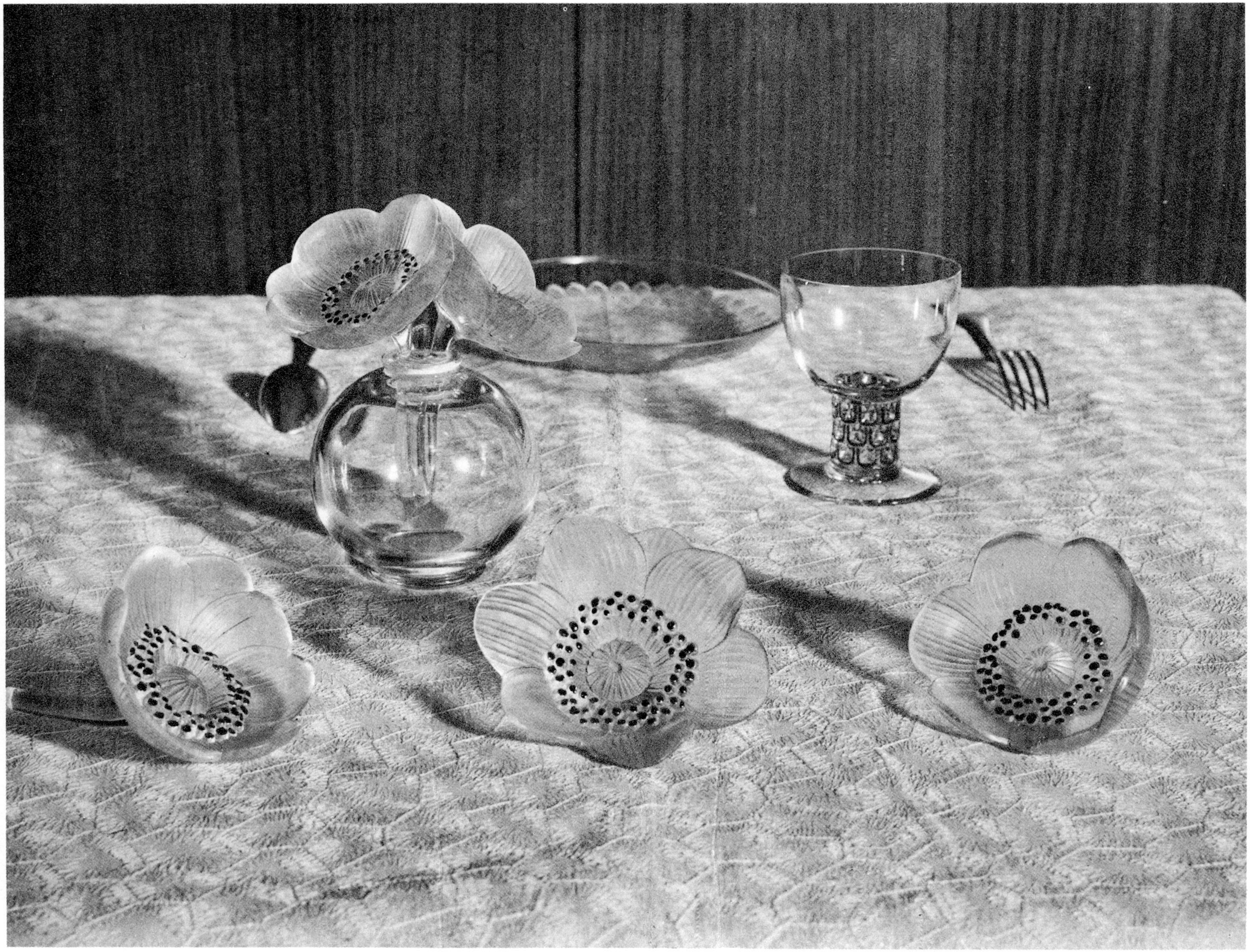

1180 ANÉMONE FERMÉE 90 mm. 1178 VASE ANÉMONES 160 mm. 1179 ANÉMONE OUVERTE 107 mm. 1180 ANÉMONE FERMÉE 90 mm.

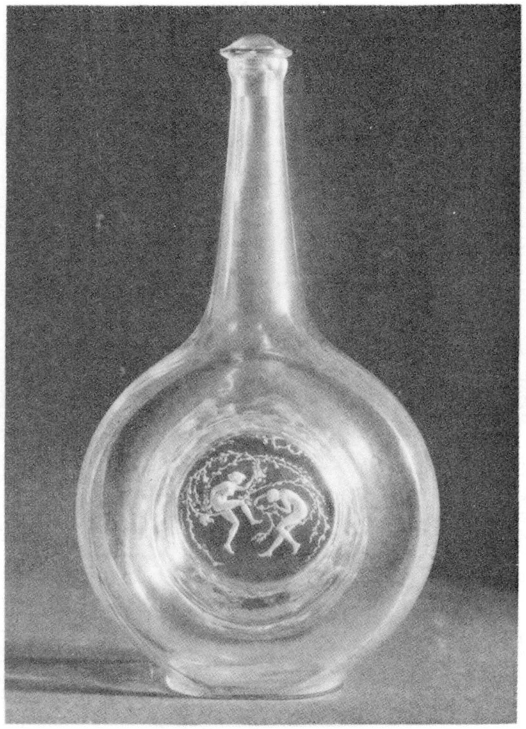

3153 CARAFE PLATE 2 DANSEUSES 345 mm.

3164 CARAFE VRILLES DE VIGNE 260 mm.

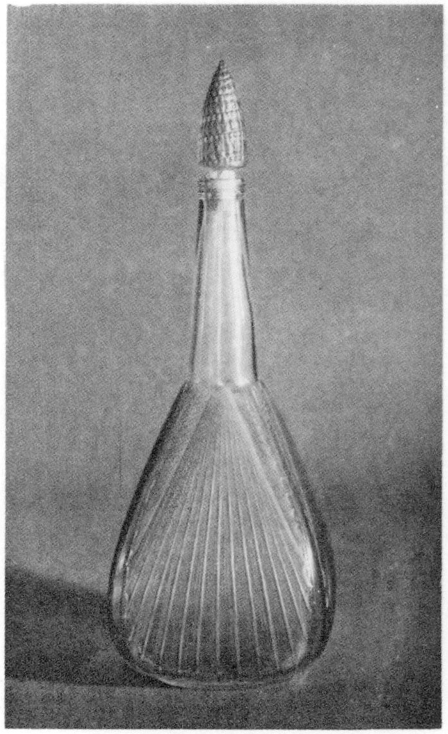

3163 CARAFE COQUILLES 340 mm.

3156 CARAFE MASQUE 310 mm.

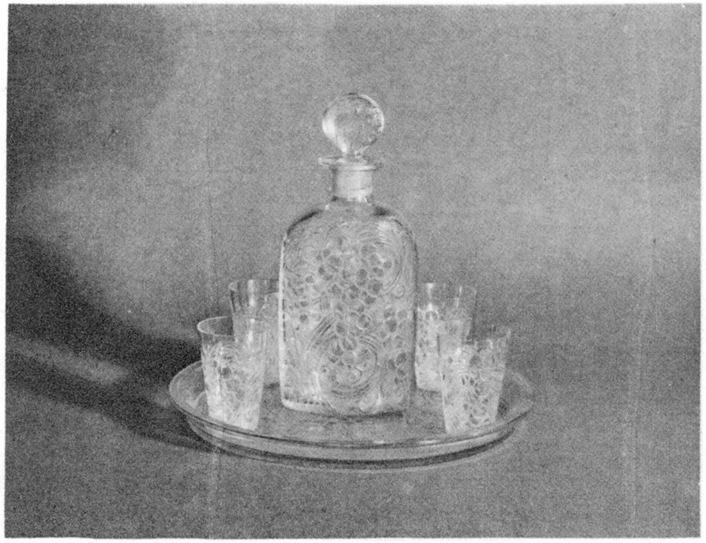

3165	CARAFE RAISINS	270 mm.
3401	GOBELET —	90 mm.
3670	PLATEAU —	300 mm.

3155 CARAFE REINE MARGUERITE 250 mm.

3166 CARAFE PLATE ÉPINES 260 mm.

3152 CARAFE PYRAMIDALE 310 mm.

VERRES

3757 VRILLES DE VIGNE 170 mm.

3758 LISERON 130 mm.

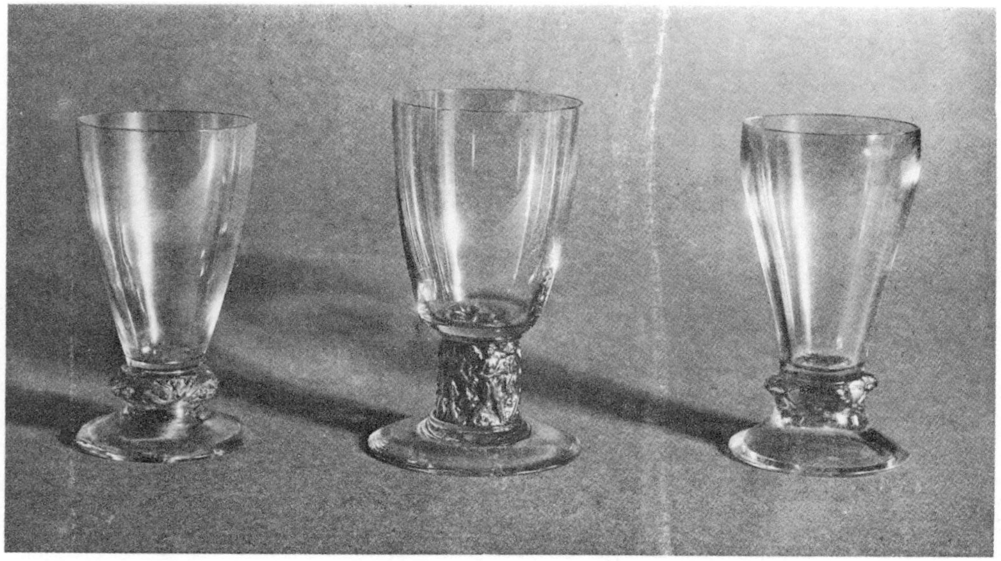

VERRES

3754 BAGUE LÉZARDS 135 mm.

3750 FRISE PERSONNAGES 143 mm.

3751 4 GRENOUILLES 140 mm.

3169 CARAFE DUNDEE 260 mm.

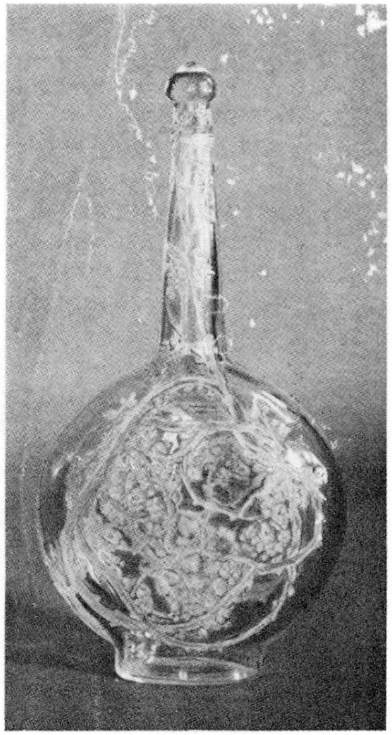

[redacted] CARAFE AUBÉPINE 320 mm.
3157

3407 PAVOT 80 mm. 3405 SPIRALES 78 mm. 3406 LOTUS 80 mm.

SIX FIGURINES
3158 CARAFE 350 mm. 3400 GOBELET 100 mm.

MARGUERITES BOUCHON POINTE
3161 CARAFE 360 mm. 3404 GOBELET 125 mm.

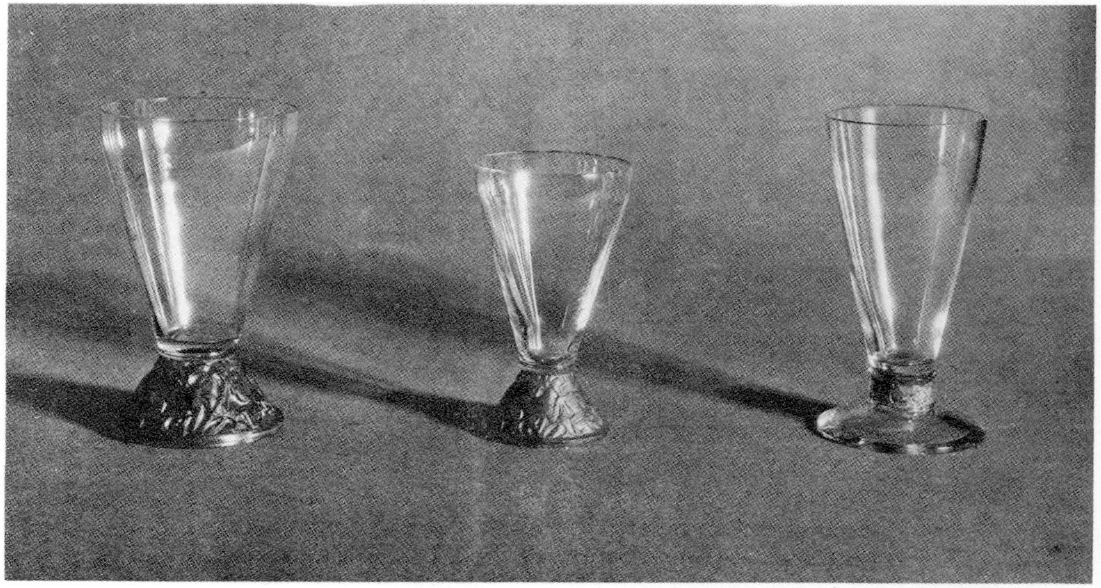

3755 CHASSE CHIENS N° 1 130 mm. 3756 CHASSE CHIENS N° 2 110 mm. 3753 BAGUES CHIENS 130 mm.

FAVEROLLES
3172 CARAFE 225 mm. 3676 PLATEAU 355 mm.

3766 VERRE 75 mm.
FAVEROLLES

BANTAM
3170 CARAFE 215 mm. 3674 PLATEAU 355 mm.

3764 VERRE 75 mm.
BANTAM

PADOUE
3171 CARAFE 220 mm. 3675 PLATEAU 355 mm.

3765 VERRE 80 mm.
PADOUE

BAMBOU
3174 BROC 175 mm. 3678 PLATEAU 335 mm.

3768 VERRE 80 mm.
BAMBOU

NIPPON
3173 CARAFE 245 mm. 3677 PLATEAU 340 mm.

[redacted] VERRE [redacted]
5244 NIPPON 77 mm.

COQUELICOT
3175 CARAFE 170 mm. 3679 PLATEAU 320 mm.

3409 GOBELET 50 mm.
COQUELICOT

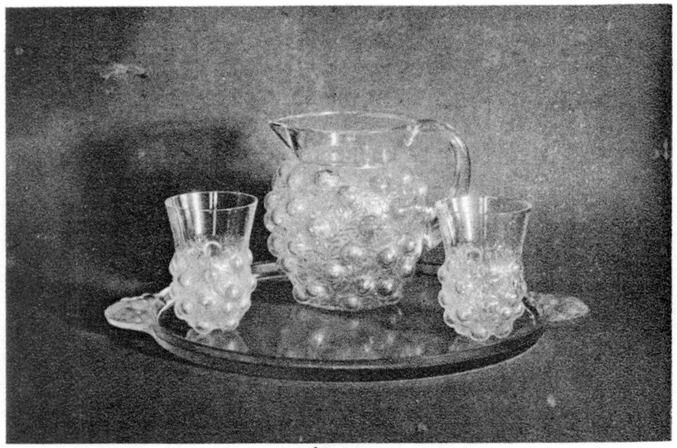

SÉTUBAL
3180 BROC 180 mm. 3684 PLATEAU 460 mm. 3414 GOBELET 120 mm.

BLIDAH
3177 BROC 200 mm. 3681 PLATEAU 420 mm. 3411 GOBELET 128 mm.

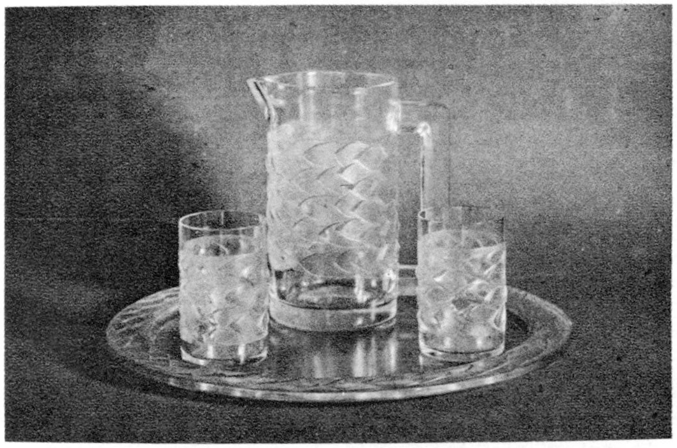

BAHIA
3179 BROC 230 mm. 3683 PLATEAU 420 mm. 3413 GOBELET 125 mm.

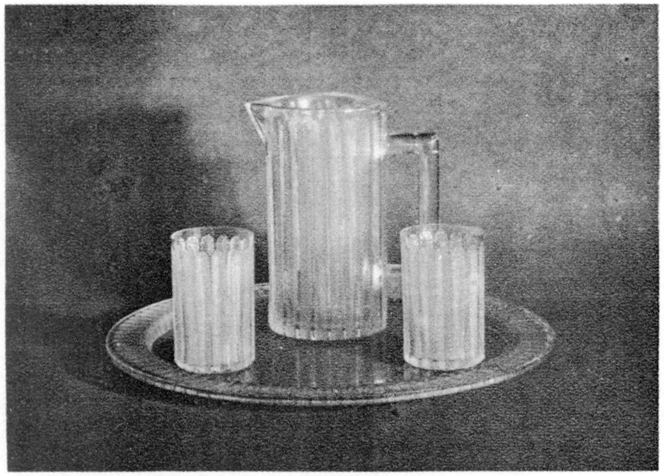

JAFFA
3176 BROC 230 mm. 3580 PLATEAU 420 mm. 3410 GOBELET 120 mm.

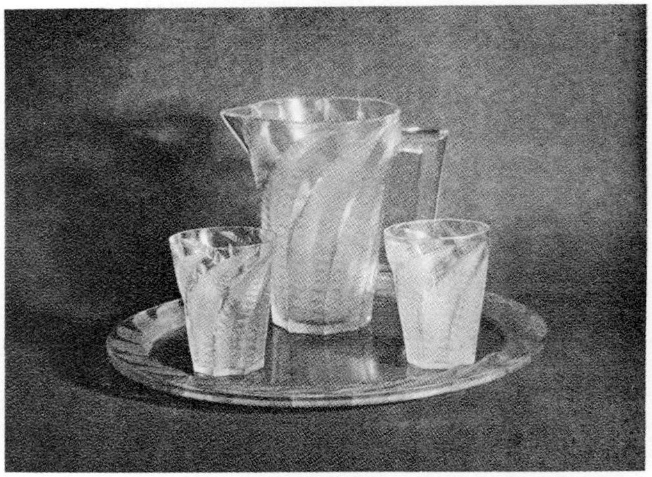

HESPÉRIDES

3178	BROC	220 mm.	3412	GOBELET	1.	125 mm.
3682	PLATEAU	420 mm.	3417	—	2.	105 mm.

1184 CAVE PAN ET BACCHANTES 370 mm.
1186 FLACON BACCHANTE 220 mm. [redacted] 1185 FLACON PAN 220 mm.

1187 CAVE ENFANT 370 mm.
1188 FLACON 205 mm.

1189 CAVE VIGNE 370 mm.
1190 FLACON 205 mm.

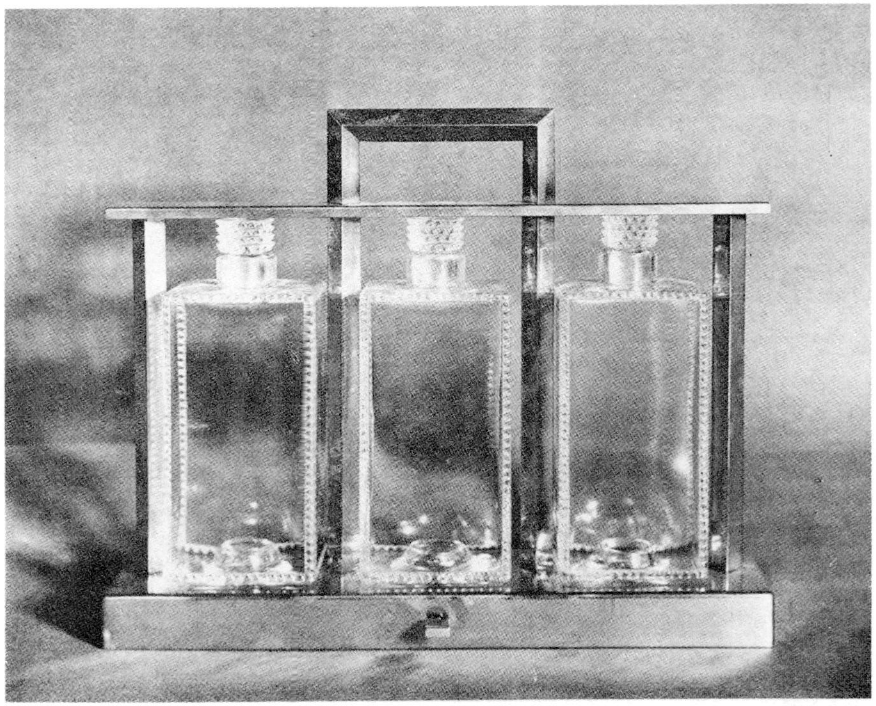

1201 CAVE GLASCOW 370 mm.
1202 FLACON 205 mm.

803 2 SARDINES 100 mm.

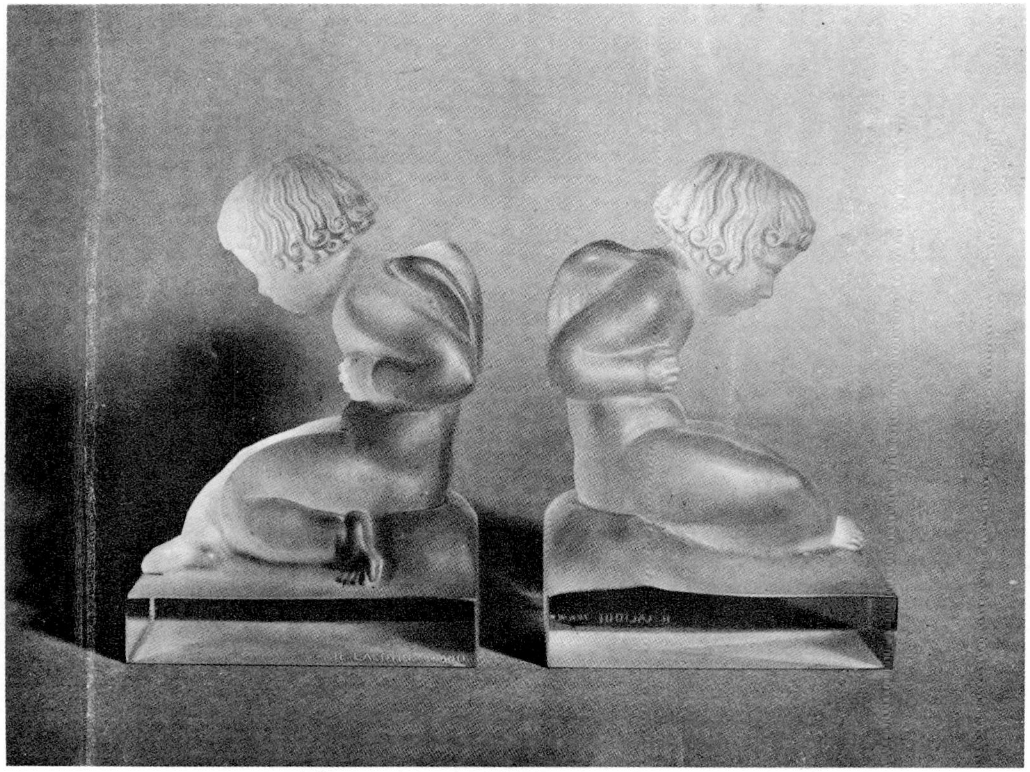

1163 SERRE-LIVRE AMOURS 135 mm.

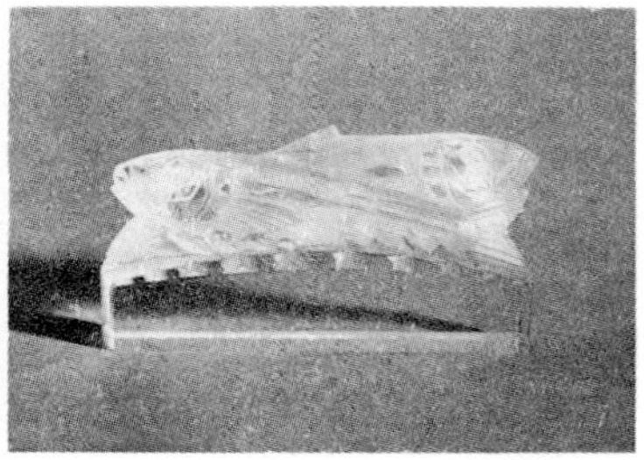

804 3 SARDINES 100 mm.

1199 PIGEON LIÈGE 240 mm.

1200 PIGEON NAMUR 240 mm.

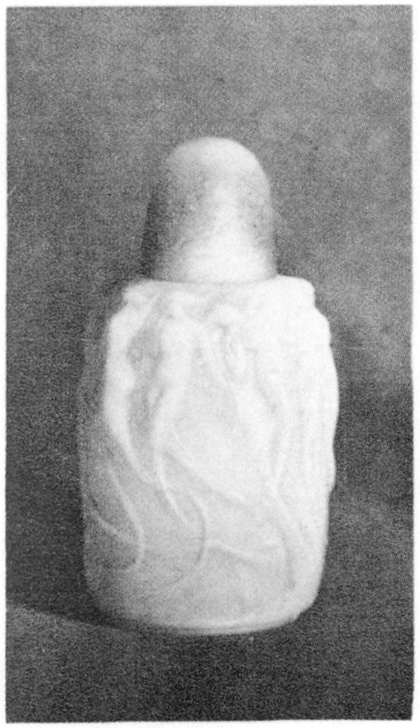

2651 BRULE PARFUMS 180 mm.
SIRÈNES

ENFANTS
609 FLACON 100 mm. 663 VAPORISATEUR 110 mm. 610 BOITE 80 mm.

2650 BRULE PARFUMS 190 mm.
PAPILLONS

2652 BRULE PARFUMS FAUNE 210 mm.

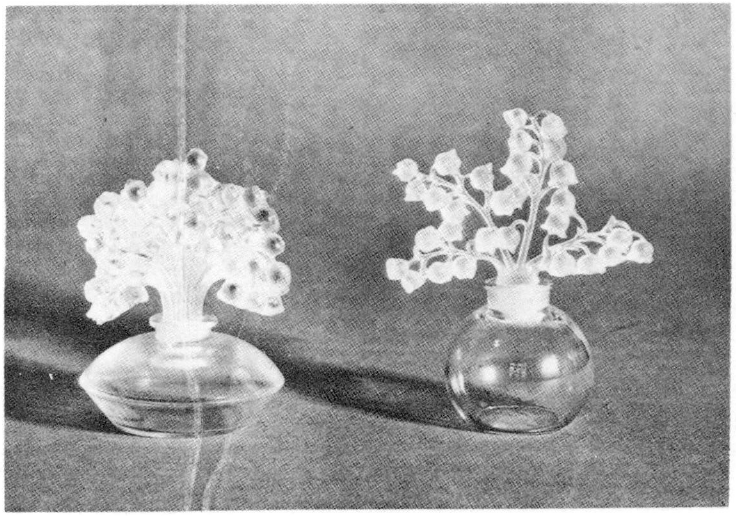

FLACONS
525 MUGUET 100 mm. 526 CLAIREFONTAINE 120 mm.

2653 BRULE PARFUMS CAROUSEL 135 mm.

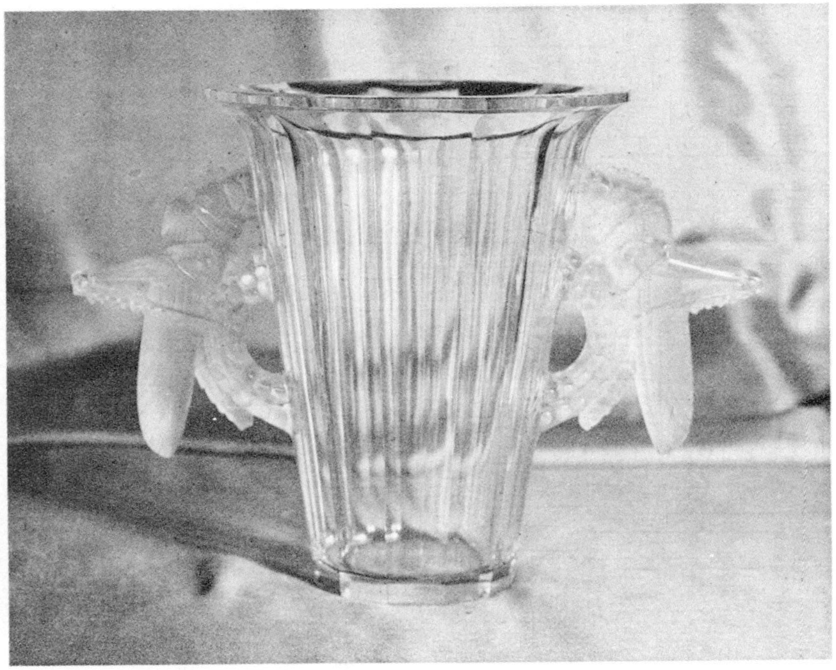

1063 GRILLONS 225 mm.

1069 BEAUVAIS 190 mm.

1068 COQ 250 mm.

1071 MERLES 285 mm.

1065 ROITELETS 285 mm.

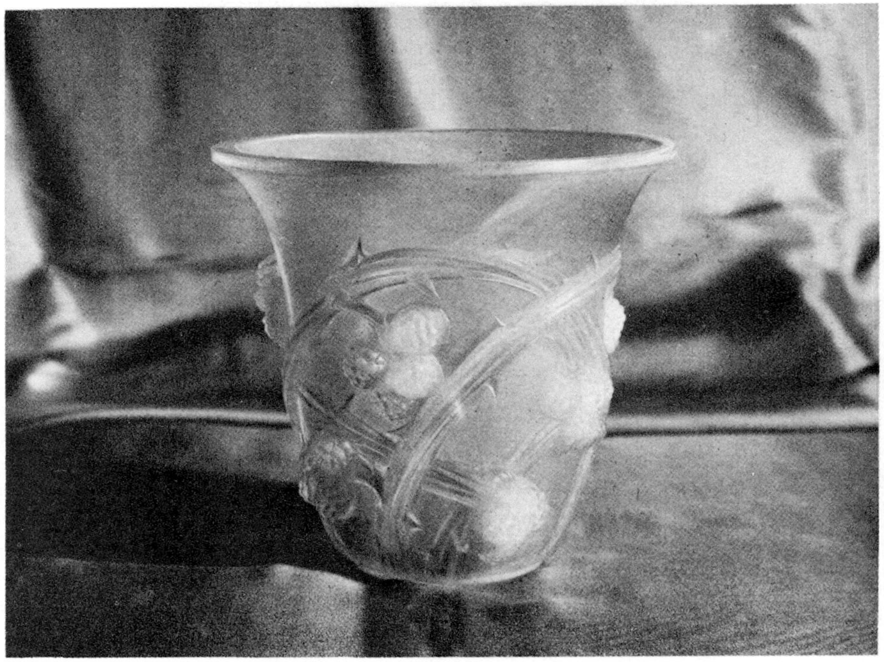

1058 MURES 190 mm.

1070 ENFANTS 270 mm.

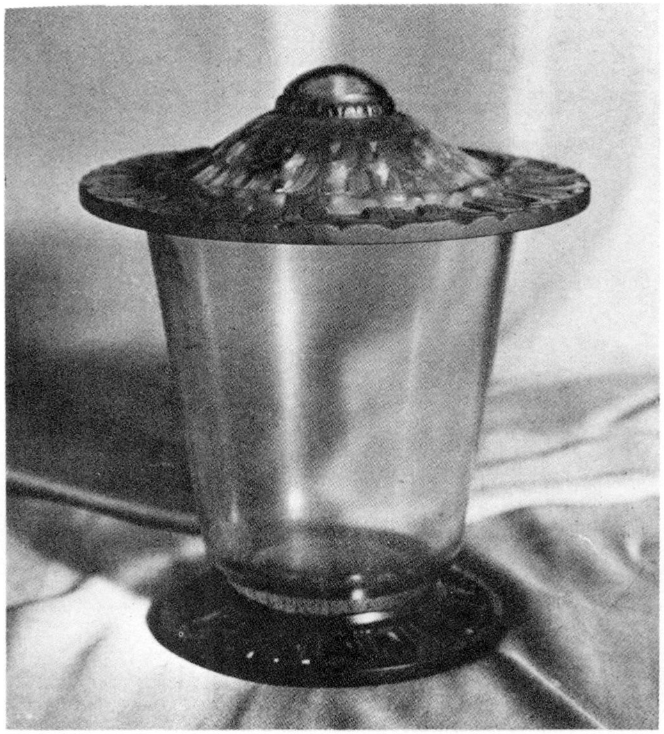

1057 CHRYSANTHÈME 230 mm.

1059 BALI 205 mm.

1076 CANARDS 135 mm.

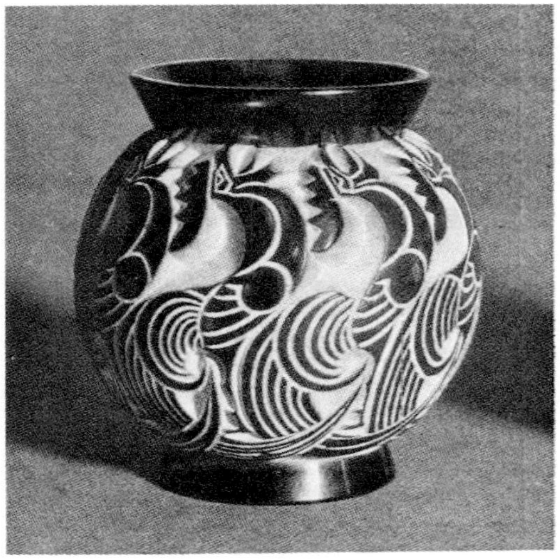

1074 LE MANS 100 mm.

1075 CHAMOIS 125 mm.

1072 LAIDERONS 80 mm.

1056 BORNES 240 mm.

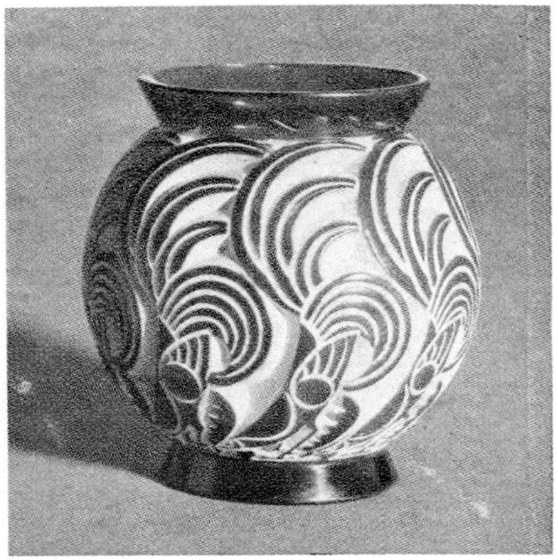

1073 BRESSE 105 mm.

1060 SPIRALES 165 mm.

1066 DEUX PIGEONS 215 mm.

1062 FAUNE 322 mm.

1067 ECUREUILS 260 mm.

1064 MÉSANGES 328 mm.

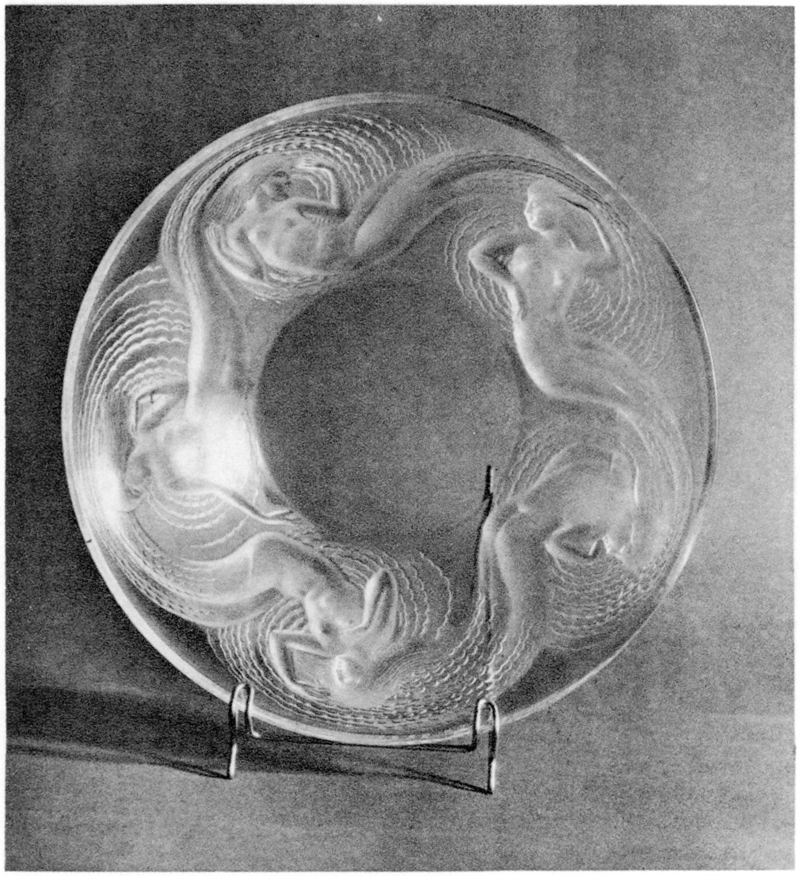

413 COUPE CALYPSO 300 mm.

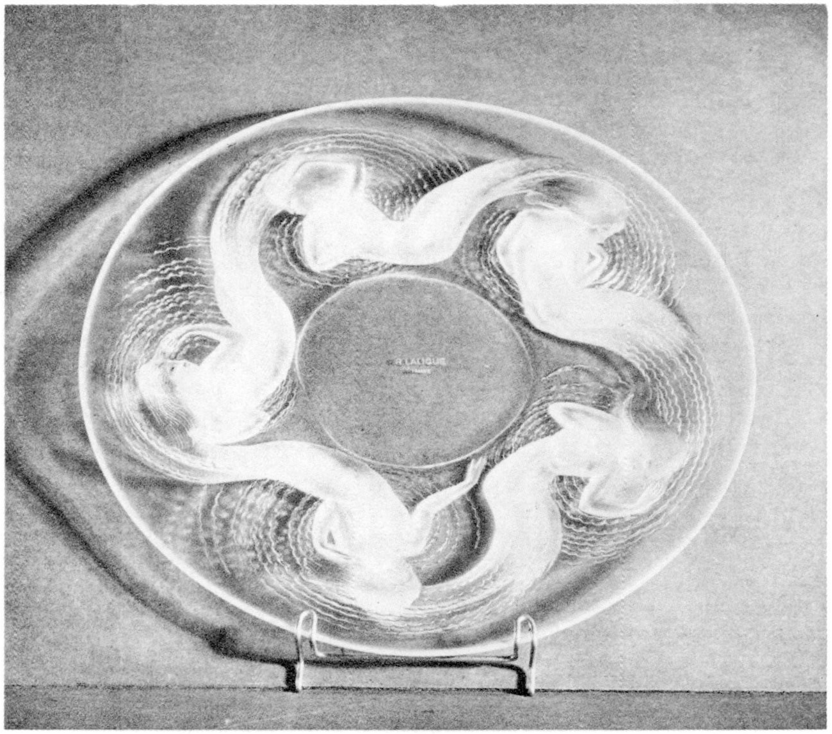

414 ASSIETTE CALYPSO 385 mm.

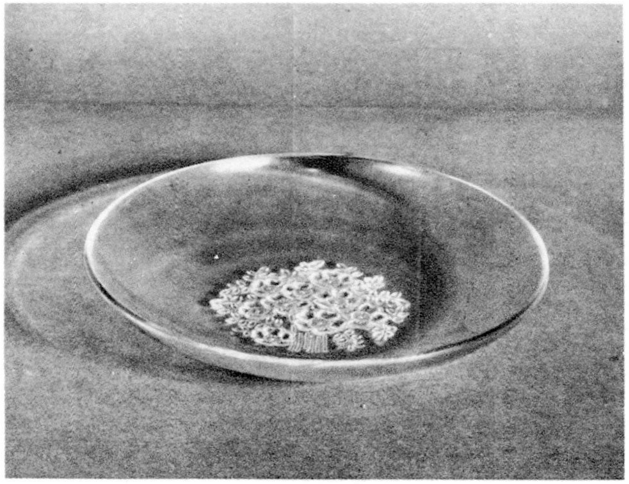

415 ASSIETTE EGLANTINE 250 mm.

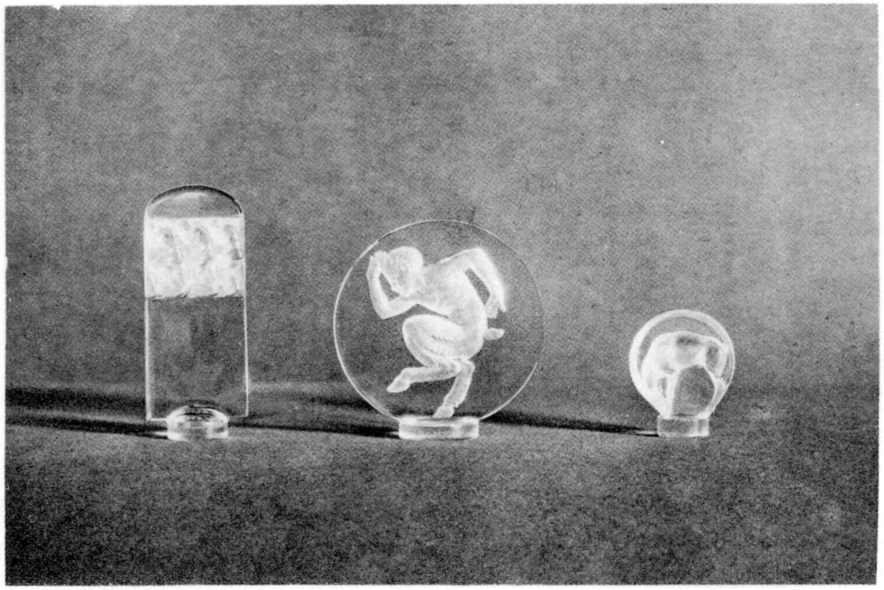

229 ATHLÈTES 96 mm. 228 FAUNE 74 mm. 226 CHAMOIS 48 mm.

224 CARAVELLE 46 mm.

221 NAIADE 84 mm.

223 PINSON 38 mm.

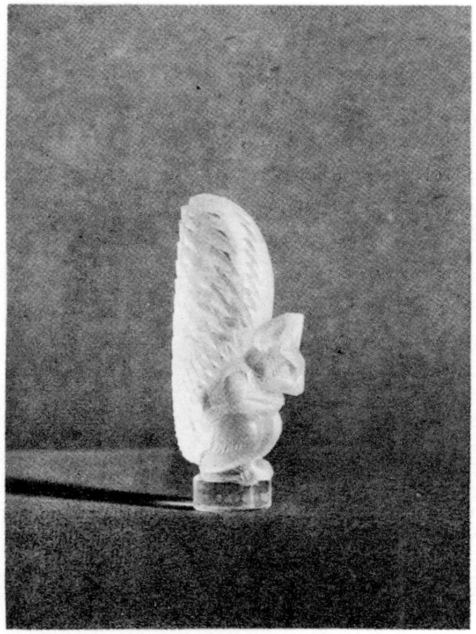

227 ÉCUREUIL 102 mm.

231 NICE 70 mm.

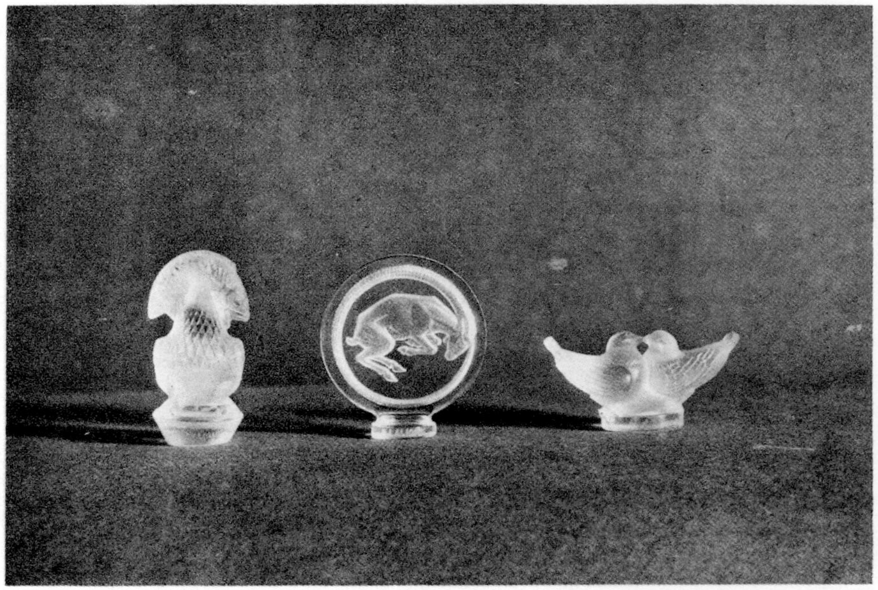

222 PÉLICAN 78 mm. 225 BELIER 92 mm. 230 DEUX COLOMBES 45 mm.

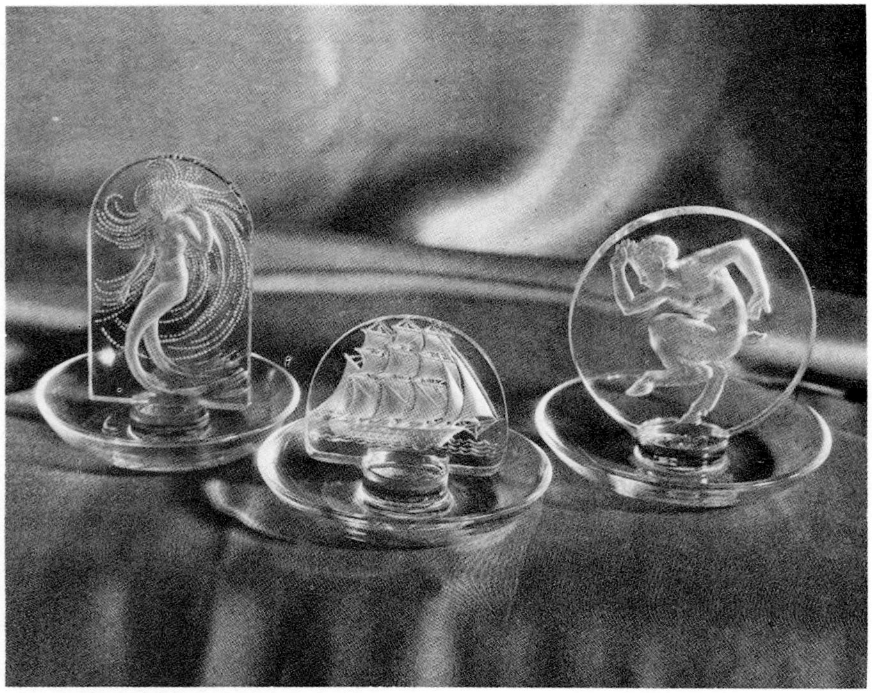

309 NAIADE h. 100 mm. 312 CARAVELLE h. 65 mm. 316 FAUNE h. 90 mm.

320 DEUX COLOMBES h. 50 mm. 310 PÉLICAN h. 85 mm. 311 PINSON h. 55 mm.

315 ÉCUREUIL h. 120 mm.

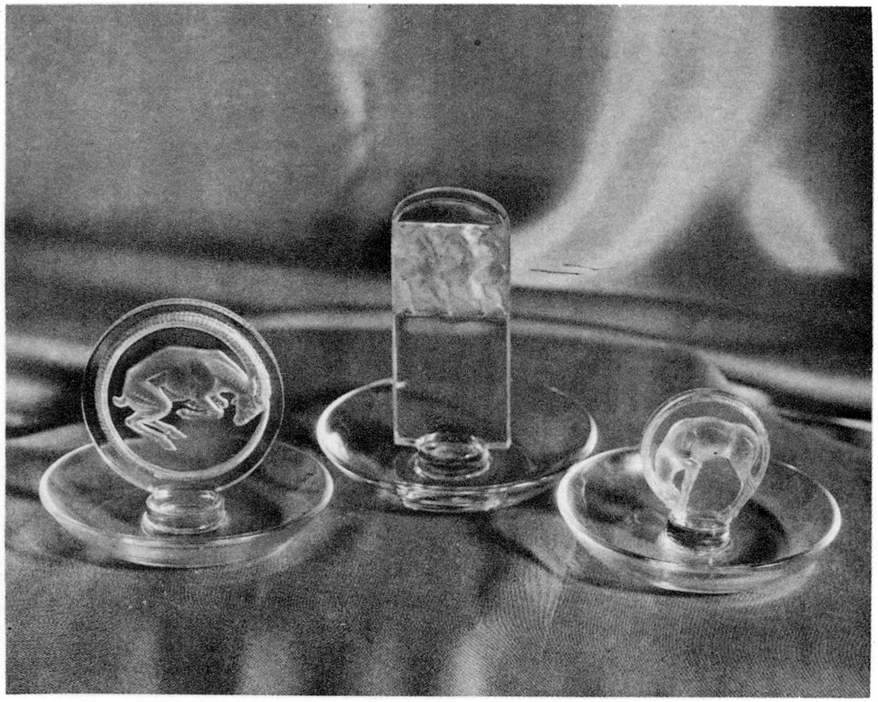

313 BÉLIER h. 75 mm. 319 ATHLÈTES h. 105 mm. 314 CHAMOIS h. 455 mm.

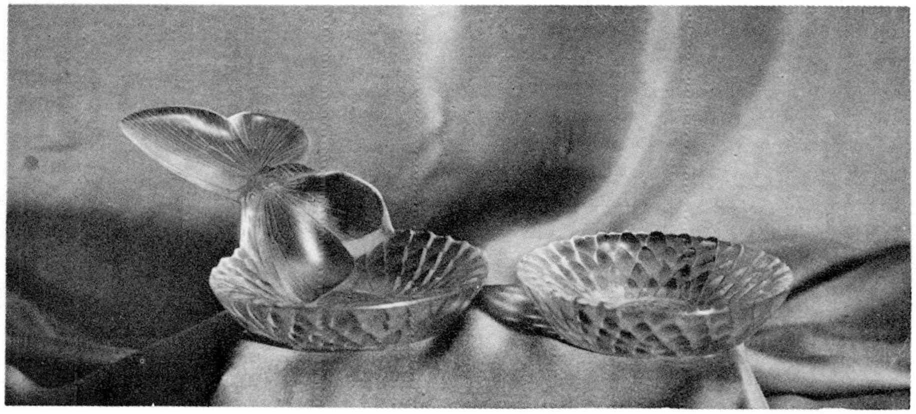

318 DAHLIA ET PAPILLON h. 165 mm. 317 DAHLIA h. 105 mm.

734 MARLY 170 mm.

~~735~~ 733 MUGUET 210 mm.

767 ANTOINETTE 150 mm.

~~733~~ 735 ROSSIGNOLS 205 mm.

766 PIERROTS 125 mm.

732 PAPILLONS 225 mm.

2110 CANDÉLABRE ROITELETS 3 branches 275 mm.

731 PENDULE ROITELETS 200 mm.

2110 CANDÉLABRE ROITELET 3 branches 275 mm.

R. LALIQUE

PRESSE PAPIERS

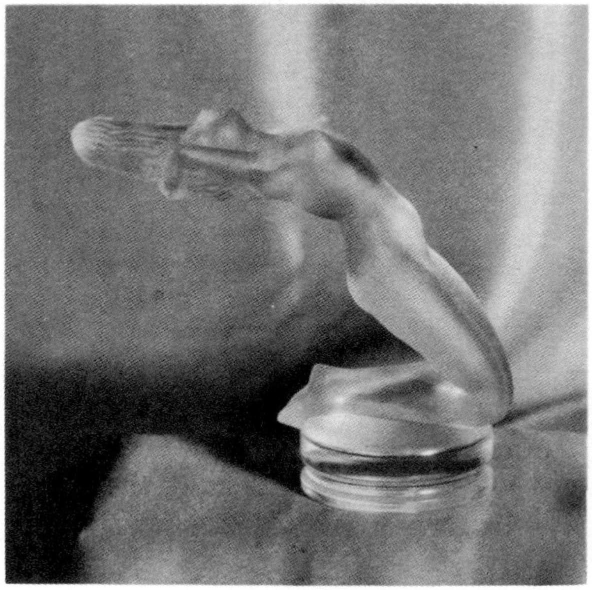

1183 CHRYSIS 135 mm.

1181 HIBOU 205 mm.

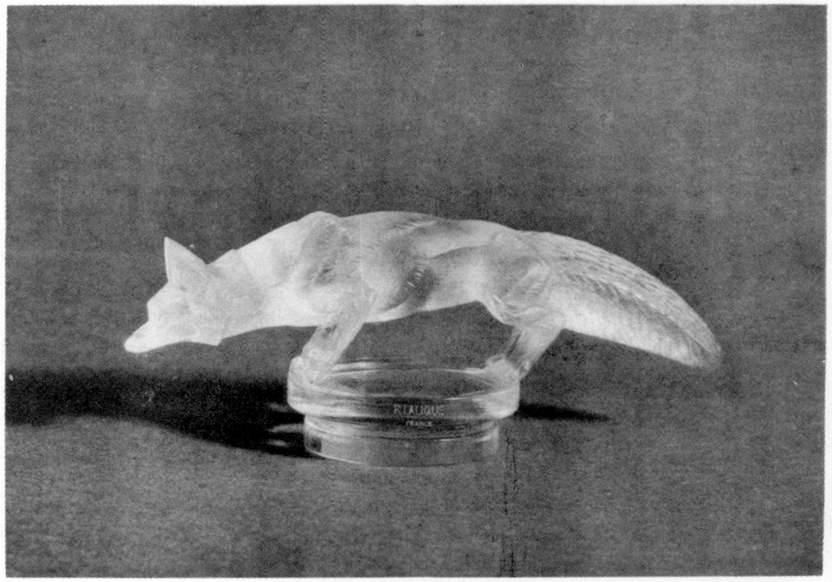

1182 RENARD 210 mm.

1194 TAUREAU 105 mm.

1191 ÉLÉPHANT 150 mm.

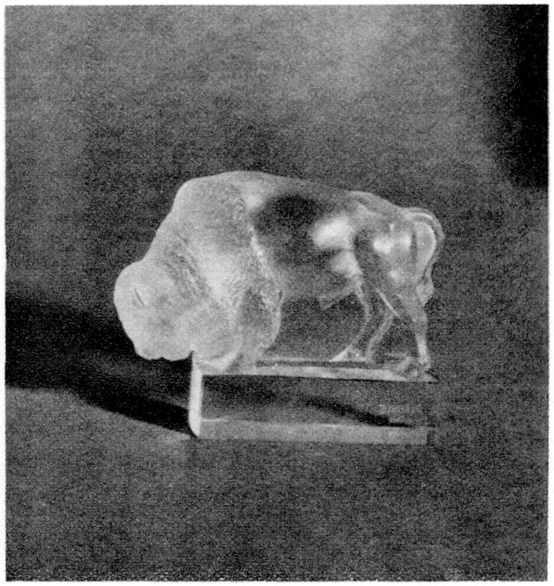

1196 BISON 120 mm.

1193 CHOUETTE 90 mm.

1197 RENNE 90 mm.

1192 TOBY 85 mm.

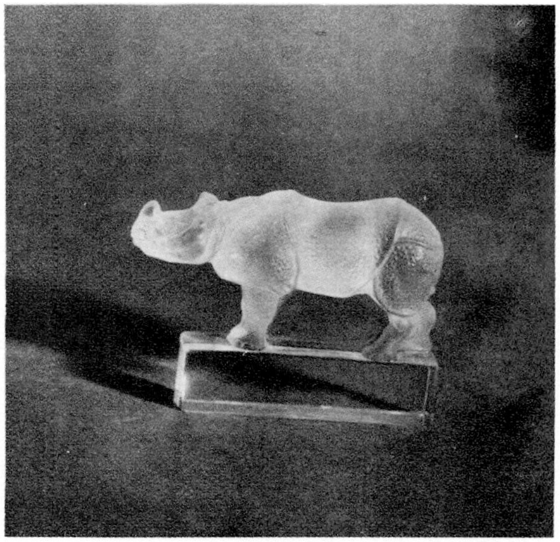

1195 RHINOCÉROS 110 mm.

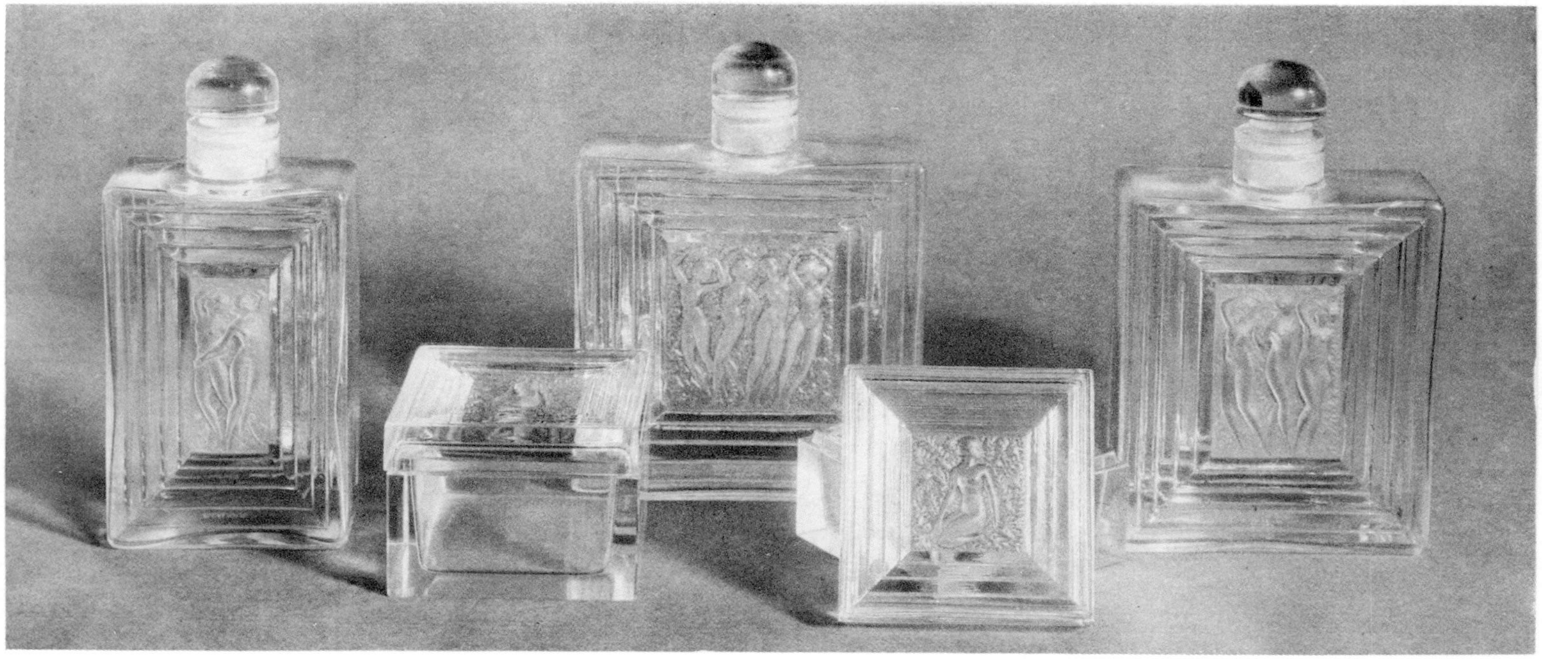

DUNCAN

625 FLACON 3 190 mm.
627 BOITE 1 70 mm.
623 FLACON 1 190 mm.
628 BOITE 2 60 mm.
624 FLACON 2 190 mm.

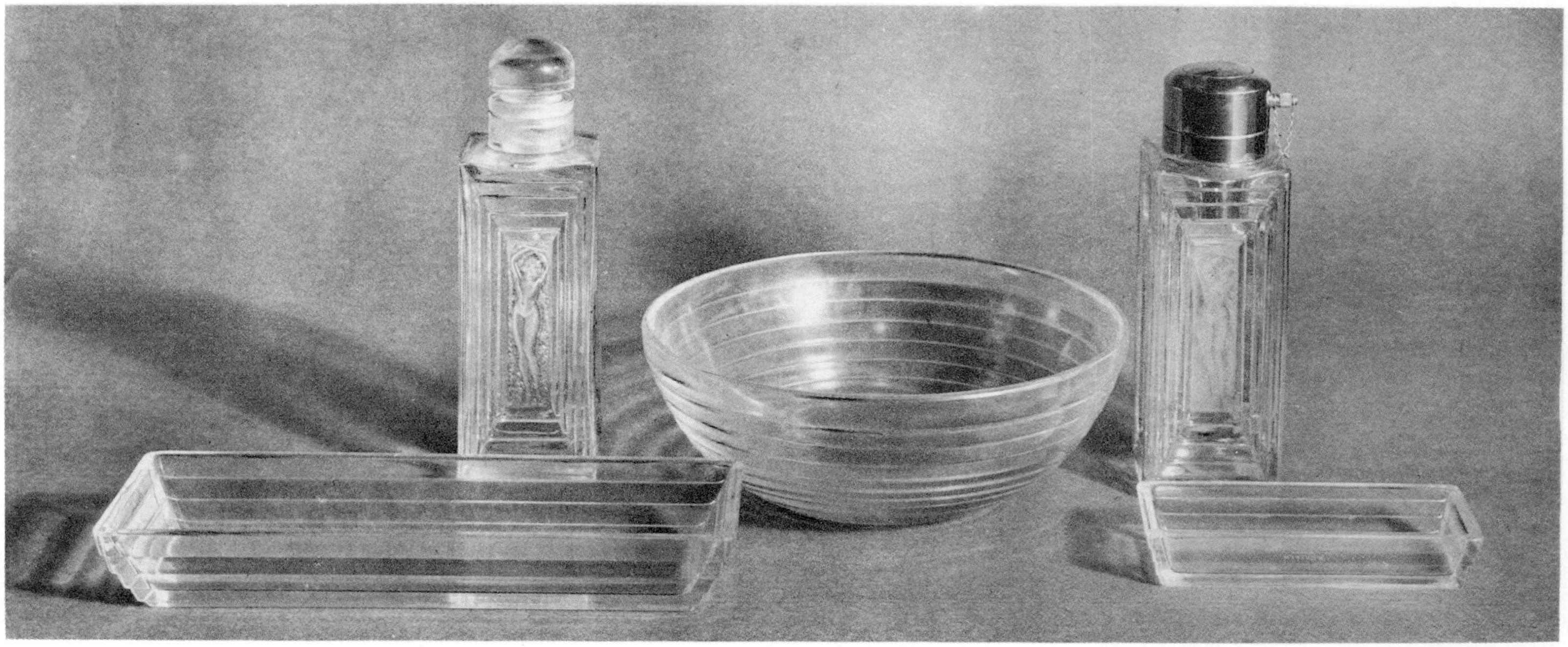

DUNCAN

626 FLACON 4 190 mm.
630 COUPE A PEIGNES 230 mm.
631 BOL A ÉPONGE 200 mm.
667 VAPORISATEUR 190 mm.
629 ÉPINGLIER 130 mm.

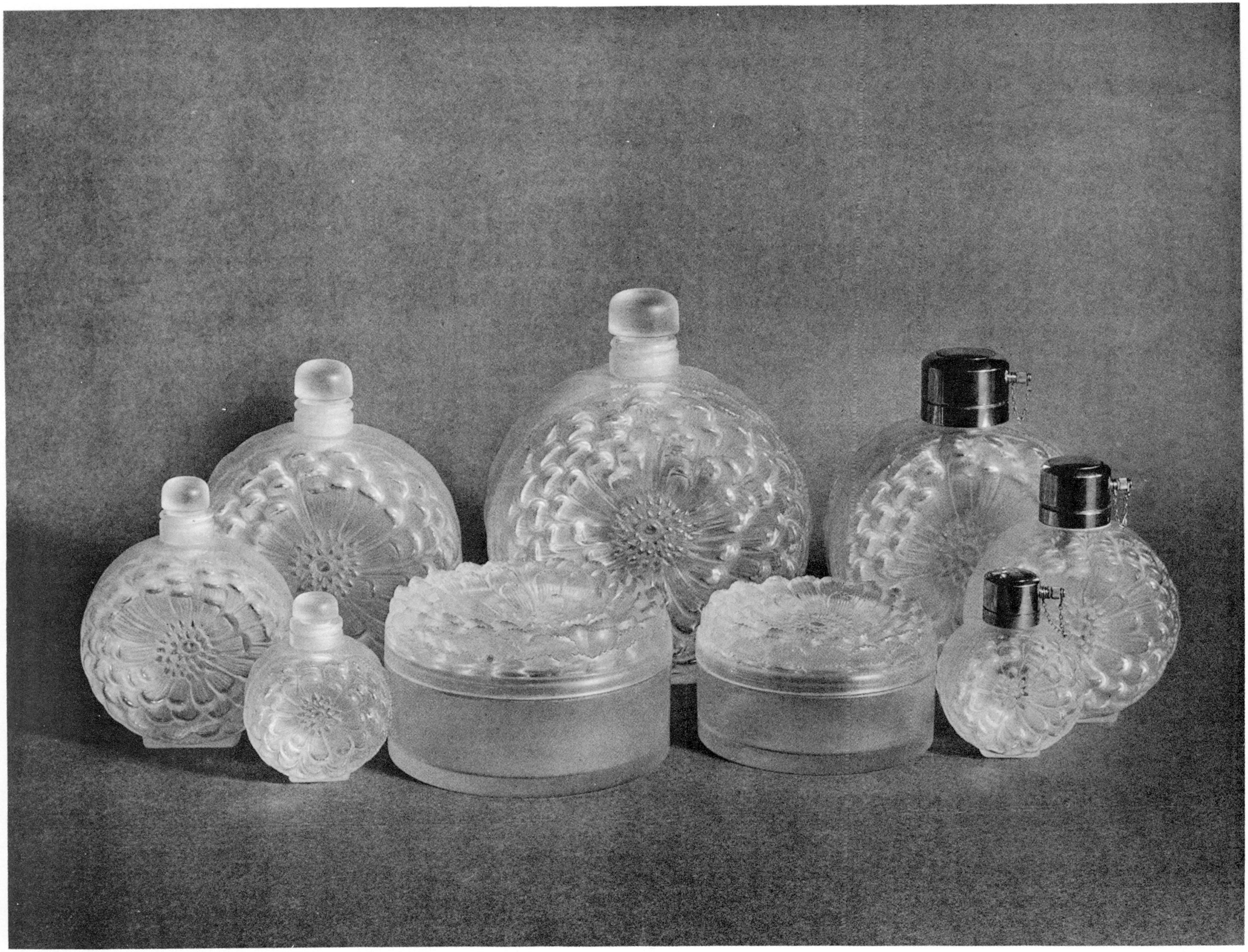

DAHLIA

616 FLACON 2 180 mm. 615 FLACON 1 210 mm. 664 VAPORISATEUR 2 180 mm.

617 FLACON 3 130 mm. 665 VAPORISATEUR 3 130 mm.

618 FLACON 4 90 mm. 619 BOITE 1 80 mm. 620 BOITE 2 70 mm. 666 VAPORISATEUR 4 90 mm.